JN440505

무영(無影) 김남식(金男植)의 5권째 수필집

49년만의

고백

無影 金男植 隨筆集

오늘의문학사

국립중앙도서관 출판시도서목록(CIP)

49년만의 고백 : 무영(無影) 김남식(金男植)의 5권째 수필집(隨筆集) / 지은이: 金男植. -- 대전 : 오늘의문학사, 2015
p. ; cm

ISBN 978-89-5669-675-1 03810 : ₩10000

한국 현대 수필[韓國現代隨筆]

814.7-KDC6
895.745-DDC23 CIP2015010055

49년만의

고백

프롤로그(Prologue)

'인생 칠십 고래희(人生七十古來稀)'라고 하는 것은 옛일이 되어버렸고 '100세까지 재미있고 행복하게 살아가자.'는 말이 널리 번지고 있다.

나이가 먹으니 철이 들어가는지 아내의 소중함을 더욱 느끼게 된다. 온화한 가정에서 태어나 곱게 자랐는데 내 집에 와서 줄곧 고난의 세월을 보내게 해서 미안하고 안쓰럽다. 곱던 얼굴이 쪼그라들고 곧았던 허리가 구부러드는 모습을 보자니 걱정이 태산이다.

아내에겐 즐겁고 기쁜 날보다는 어렵고 힘겨운 세월이 많았다. 헐벗고 굶주리며 슬퍼하고 울부짖던 모습들을 생각하면 가슴이 아리다. 그럴수록 남은 시간은 최선을 다해서 잘해 주어야겠다고 마음을 먹으면서도 작심삼일(作心三日)이니 스스로 원망스럽다. 오직 저 높은 곳의 소망(所望)만을 바라보며 묵묵히 걸어가는 아내를 도와가며 함께 따라 가겠다고 다짐을 한다.

부모를 극진하게 모시는 자식들이 아무리 많아도 악처(惡妻) 하나만 못하다고 한다. 혹자는 자기 부인이 양귀비보다 더 예쁘게 보인다고 추켜세우며 지옥에라도 따라 갈 생각이라고 장담도 한다. 나도 아내의 마음이 열 길 물속보다 깊다는 말을 하고 싶고, 빛과 사랑이 넘치는 아름다운 나라에서 만나게 될 것이라는 확신도 갖는다.

예쁜 여자를 만나면 3년을, 착한 여자를 만나면 30년을 행복하게 살 수 있다고 하고, 지혜로운 여자를 만나면 3대가 잘살게 된다고 한다. 내 아내가 세 가지에 모두 해당된다고 부풀린다면 고개를 끄덕일까 아니면 낯도 두껍다며 손가락질을 할까.

남들이 아무리 아니라고 할지라도 아내가 나에게 미치는 영향은 상당하다고 자신 있게 말할 수 있다. 허튼 소리를 하면 일침(一針)을 놓고 옳지 못한 길로 들어선다 싶으면 가차 없이 바른 말을 한다. 사람들과 다투면 모두가 내 잘못이라 나무라고, 남을 미워한다 싶으면 죄를 짓는 일이라며 두 팔로 가로 막는다.

욕심(慾心)을 부리는가 싶으면 그것은 죄(罪)를 낳고 결국 사망(死亡)에 이른다면서, 낮은 자들을 배려하자며 몸소 실천을 하려 한다. 누구인들 나만 못한 아내를 두었을까마는 두 손으로 얼굴을 가리고서라도 자랑을 하고 싶다.

2015년 4월 12일은 아내의 일흔 번째 생일이자 우리의 마흔 일곱 번째 결혼기념일(結婚紀念日)이다. 큰맘 먹고 선물하나 마련하려고 궁리를 해왔는데 아무리 애를 써도 딱히 손에 잡히질 않는다. 고심 끝에 겨우 짜낸다는 것이 아내와 관계되는 일들을 소재(素材)로 책을 펴내어, 선물하는 것이 의미가 있을 것이라고 생각하게 되었다.

가장 가까이서 나를 격려하고 용기를 북돋아 주며, 언행(言行)들을 냉철하게 평가해서, 올바른 길로 함께 가려는 아내가 고마워서다. 좌절한다 싶으면 일으켜 주고 헛발을 디디려하면 바르게 인도하려 애쓰는 모습이 감사하다. 어린 아이처럼 꾸미려 하지 않고 올곧은 마음으로 주님 일에 헌신을 다하려 애쓰는 모양도 예뻐 보인다.

이 땅에서 목숨이 다하는 날에 우리 둘의 영혼(靈魂)을 아름다운 하늘나라에 오르게 해 달라며 기도하는 소망들을 생활일기처럼 적어보았다.

아내와 연애하던 시절에 어설프게 사랑고백(告白)을 한 이후, 49년 만에 다시 하게 되니, 쑥스러우면서도 나름대로 의미 있는 일이라고 여겨진다. 막상 이 책을 세상에 내어 놓으려니까, 제 아내를 내놓고 자랑하는 팔불출(八不出)이라 손가락질을 당할까 심히 두렵기도 하다. 하지만 이런 기회를 통하여 지금까지 저질러 온 잘못을 허심탄회하게 털어 놓고, 가능한 한 조금씩이라도 바르게 살고자 한다. 스스로 마음을 다잡고 결심을 하였더라도 지켜내기는 쉽지 않겠지만, 하나님께 지은 죄(罪)를 깊이 회개하고 여생(餘生)을 좀 더 가치 있게 살아가겠다고 다짐을 한다.

우리 둘의 뜻 깊은 날에 즈음하여 털어놓는 이야기들이 아내에게 좋은 선물이 되었으면 좋겠다. 사랑하는 자식들과 손주들에게 진솔한 가르침으로 다가 갔으면 하는 마음이 또한 간절하다.

"주님! 저희 내외를 빛과 사랑이 넘치는 그곳에 가게 하소서"

제1장 사랑을 위하여

제2장 마음을 닦으려고

제3장 나눔의 맛을 즐기며

제4장 알콩달콩 보듬다 보면

제5장 소명(召命)을 따라서

제 1 장

사랑을 위하여

사랑을 위하여 품는 마음은 더없이 아름다운 것이며,

이를 실행에 옮기는 행동은 우리 모두를 행복으로 이끌어준다.

아름다운 비밀(秘密)

슬쩍 아내의 손을 잡아본다. 부드럽고 따스한가 했는데 생각보단 꽤 거칠고 매우 차다. '꾹 꾹 꾹' 세 번 힘을 주며 잡는다. 아무 반응이 없어 다시 그러니까 의아스럽다는 표정이다. 설명을 해 주려는데 귀에 대고 비밀을 꼭 지켜야 한다고 단단히 이르던 다섯 살 배기 손녀 생각에 멈칫해진다.

"할아버지! 말하면 안 돼. 엄마, 아빠한테도 말 안 했어. 응?"

지난해부터 유치원에 다니는 손녀를 데리고 등교를 하는 것이 나의 중요한 하루 일과가 되었다. 이른 아침이라 밥맛이 없어 해서 아내는 간청을 하고 나는 으름장까지 놓으면서 간신히 아침밥을 먹여 집을 나선다.

곱게 물든 단풍이 아침햇살을 받으니 참으로 아름답다. 멋진 풍경을 바라보며 걸어가는 아가의 점퍼에는 단풍물이 듬뿍 떨어졌는지 알록달록 진한 색깔이다.

"아! 곱기도 하다."

쏟아내는 나의 탄성에,

"아이 예뻐!"

하며 신기한 듯 바라보는 아가의 눈빛이 유난히 반짝인다. "하나! 둘! 셋! 넷!" 내 구령에 따라 발을 맞춘다.

아파트의 한적한 모롱이를 돌아가자니 그 누구도 이렇게 기분이 좋을 수 없을 것 같은 느낌이다. 손을 당기며 너와 함께 유치원 갈 때가 제일 행복하다고 하니까 걷던 걸음을 딱 멈추더니, 나를 올려다보고 정색(正色)을 하면서 한마디 하는데 깨물어 주고 싶도록 귀엽다.

"할아버지! 내가 그~~~렇게 좋아?"

양팔을 크게 벌리니까 내 품에 팔딱 뛰어든다. 이런 기쁨을 나 혼자만이 즐기는 듯하여 흐뭇한데, '뽀뽀'까지 덤으로 얹어 주니 온 몸이 하늘로 떠오르는 기분이다. 이토록 톡톡한 재미를 누리게 되니 이 나이에 커다란 행운을 잡았다는 마음이 든다.

집에 돌아와서 아내에게 자랑을 늘어놓으니까 '손녀 바보'라며 놀려대면서도 즐거운 표정이다. 눈코 뜰 사이 없이 바쁘면서도 가끔 나를 제치고 손녀의 손을 잡고 나서더니 이런 맛을 이미 알고 있었나 보다.

발레차림으로 날아갈 듯이 예쁘게 차려 입고 꽃 가방을 멘 아가와 길을 나선다. 추워지려는지 날씨가 흐리고 바람이 세차다. 횡단보도에서 신호를 기다리고 있는 동안 털모자를 고쳐 씌우니까, 내손을 '꼭, 꼭, 꼭' 세 번이나 세게 쥐었다가 놓는다. 나보고도 그렇게 해보라더니 이번에는 두 번을 '꼭, 꼭' 쥔다. 교문 입구에 서서 그 까닭을 물으니 절대로 아무에게도 말하지 말라며 귓속말을 한다.

제가 세 번을 쥐면 "사랑해!"라는 말이고, 이에 따라 두 번 신호를 보내면 "나도!"라는 뜻이라며 그렇게 해보란다. 의외의 일이라 누구한테서 배운 거냐고 물으니까 그냥 자기가 생각한 것이란다.

이번에는 세 번, 두 번이 아니라 일곱 번씩 연속 두 번을 누른 후에 귀를 잡아당긴다.

"할아버지 좋아해, 할아버지 사랑해."

너무도 신기하고 기특해서 신신당부한 약속을 저버리고 아내에게 신호를 보내 봤는데 어리둥절 하는 기색이다. 그 상황을 설명해 주었더니 참으로 놀랍고 대견스럽다면서, 당신은 큰 복을 누리는 사람이라며 미소를 짓는다.

그동안은 덧없이 지나가는 세월을 원망하고 하루하루가 멀다하며 닥쳐오는 여러 가지 문제들로 고민을 해왔다. 어찌 보면 남들처럼 행복하게 살지 못하고 지지리 고생만하며 지내온 내 인생이 억울하게 느껴지기도 한다.

상처를 받고 밤새워 괴로워하고 홀로 망망대해에서 헤매는 양처럼 외롭고 서러워했다. 한 살 한 살 보태가는 나이가 두렵고 이것저것 남에게 뒤처질까봐 노심초사(勞心焦思)했다. 나약해지는 심신을 탓하면서, "늙으면 죽어야지."라는 말을 얼마나 흘려 왔는지 모른다.

꽉 짜인 일주일 일정 중에 금요일 모임이 비는 날이 되어 잘됐다 싶어 '가정의 날'로 선포(宣布)하였다. 아내와 둘이서 산행도 하고 찜질방도 들르며 이름난 맛집에서 외식도 즐겨본다. 건실하게 커가며 재롱을 떠는 손자들을 쓰다듬어 주기도 한다.

자식들에게 대우만 받으려 말고 다른 핑계를 대면서라도 만날 수 있는 기회를 자주 만들어야겠다. 요즈음 친구들을 만날 때마다 자주 듣는 말이 있다.

"우리 인생이 얼마 안 남았어! 하루하루 지나가는 시간이 너무나 아까워. 서로가 조그마한 상처일지라도 입히지 말고, 비록 어려운 문제가 생기더라도 속 썩이며 살지 마세. 지나고 보면 다 별것 아닐세."

맞는 말이다. 나이가 든다는 것은 좋은 일은 아니지만 어쩔 수 없는 일이 아닌가. 오는 시간 가는 세월을 그 누가 막을 수 있겠는가. 나쁜 일과 슬픈 일은 뒤로 하고 그저 재미있고 기쁜 일만 찾아가자. 좋아하는 일과 쉬운 일만 골라서 해야지, 우물쭈물 하다가 아차하고 후회를 해서는 안 된다.

다시 손녀와의 비밀 신호를 아내에게도 보내니 어색하게 응답을 한다. 아가야! 반드시 지키자고 다짐한 약속이지만, 여생을 재미있게 살기 위해서 파기(破棄)할 수밖에 없는 이 할애비를 용서해 주길 바란다.

'아름다운 비밀' 생각만 해도 웃음이 저절로 나온다.

짜릿한 사랑

모처럼 공원에 산책을 나갔더니 다정하게 손을 잡거나 팔짱을 끼고 걷는 남녀들이 보인다. 너무도 부러워서 작심(作心)하고 아내의 어깨를 잡으려니까 눈을 하얗게 흘기면서 뿌리친다. 퇴짜를 맞고 보니 수년 전에 하와이 여행 중에서 겪은 일이 생각난다.

붉은 노을이 짙게 물들어 가는 와이키키 해변은 듣던 대로 참으로 아름다웠다. 신비로운 자연 속에서 팔짱을 끼고 걷기도 하고 꼭 껴안고 아무 거리낌 없이 몸을 비벼대는 서양인들을 대하니 부러웠다. 해변에는 인파가 붐비는데 기다란 벤치에서 얼싸안고 있는 한 쌍의 뒷모습이 보여서, 가까이 다가가보니 야한 신음소리가 들리는데, 뜻밖에도 얼굴에 굵은 주름이 많은 노인 커플이다.

민망스런 나머지 그 자리를 피해 야자수 밑을 거닐다보니, 이렇게 좋은 장소에서 저들처럼 마음 놓고 사랑을 나눌 수 있는 기회가 좀처럼 다가오지 않을 것 같았다. '절호의 찬스다.'하고 아내의 팔을 겨드랑이에 끼었더니 잽싸게 빠져나간다.

멋진 풍경 속에서 아무 거리낌 없이 나누는 모습들이 부러워서 용기를 내 보았는데 여지없이 거절당하고 만 것이다. 일행들이 보이지 않는 틈을 포착하느라 호시탐탐(虎視耽耽) 노리다가 겨우 기회를 잡았는가 했는데 매우 아쉬웠다. 화가 부글부글 치밀어 올라 투덜거리다가 여기까지 와서 이러면 안 되지 하는 마음에 한 발 물러서고 말았다. 당시의 일을 생각하면 지금도 저절로 웃음이 나온다.

오늘은 참으로 가슴이 찡한 장면을 만나게 되어서 아름다운 부부애에 대하여 새롭게 깨우치는 계기가 되었다. 수영장엘 가면 사고로 인해 한쪽 팔이 없는데다가, 뇌경색까지 겹쳐서 정상적으로 활동하기 어려운 청년을 자주 만난다. 얼굴을 찡그리며 엉금엉금 기어서 물속으로 들어가니까 그의 부인도 눈을 치켜뜨고 절룩거리면서 따라간다. 장애인 레인으로 들어서더니 서로가 마주 쳐다보면서 어눌한 말투로 무언가 시시덕거린다.

좀처럼 보기 드문 상황이라 헤엄치는 것을 멈추고 바라보고 있는데, 남편은 부인의 한손을 잡아 끌고 가고 부인은 천정을 보고 누워서 몸을 의지한 채, 입을 실룩거리며 발차기를 하는 광경이 이채롭다. 앞서 가면서 큰 소리로 구령을 부치니 따라서 응답을 한다.

"하나, 둘! 하나, 둘!……."

"으응 푸우, 으응 푸우……."

반신불수(半身不隨)의 몸으로 부자유스런 아내를 끌면서 즐거워 하고, 이끌려가면서도 힘들어 하는 남편을 생각해서 열심히 발을 차는 정경이, 마치 한 편의 감동적인 드라마를 보는 듯하다. 혼신을 다하는 모양인데도 제자리에 그대로 서있는 건지 앞으로 나아가는 동작인지 알 수가 없다. 아내도 같은 느낌을 받아서인지 좀처럼 눈을 떼지 못하는데 문득 성경 구절이 떠오른다.

'여호와 하나님이 아담에게서 취하신 갈빗대로 여자를 만드시고 그를 아담에게로 이끌어 오시니, 아담이 이르되 이는 내 뼈 중의 뼈요 살 중에 살이라……, 아내와 합하여 둘이 한 몸을 이룰 지로다.'

청년은 사람들을 만날 때마다 "감사합니다."를 입버릇처럼 하면서 반갑게 맞아준다. 매번 그렇게 하는 이유를 물으니까 그런 말로 인사를 하면서 사는 것이 얼마나 좋은 일이냐며 반문을 한다.

샤워를 하려는데 뒤에서 수건을 빼앗아 등을 닦아준다. 팔다리가 멀쩡한 내가 불편한 사람에게 신세를 지는 일이 언짢아 극구 사양을 해도 못들은 척 더욱 세게 북북 밀어댄다. 장애(障碍)가 심한 사람에게 몸을 디밀고 있는 것이 마음에 걸리는데, 다른 이들에게도 그렇게 하는 것을 보게 되니 가슴이 훈훈해진다.

만개한 벚꽃이 어우러지고 눈이 날리듯 소담하게 떨어지는 오솔길을 걸으며 집으로 향한다. 한 발짝 앞서가던 아내가 흩날리는 꽃잎을 따라가며 잡으려다가 그만 삐끗하더니 나한테 쏠리며 쓰러지려 한다. 얼떨 결에 손을 잡아당기니까 품에 안기더니 못이기는 척하고 따라 온다.

어림도 없다는 듯 단칼에 거절을 하더니 성치 못한 젊은이들이 펼치는 애틋한 사랑에 깊이 감동이 된 것이리라. 누구 덕분에 나팔 분다고 내가 횡재를 한 셈이다.

젊은이들의 짜릿한 사랑이 우리 삶의 방식을 새롭게 바꾸는 계기가 되었으면 좋겠다.

영화 속의 장면처럼

외출했다가 돌아와 보니 아내가 집을 비웠다. 언제나 그랬던 것처럼 집 안이 온통 썰렁하다. 전화를 거니까 킥킥대면서 막내와 자기 동생과 함께 식사 중이란다. 나에게는 따로 사 준 지가 언제인지 알 수가 없는데, 자기네들끼리 오붓하게 잘도 먹어댄다는 생각에 섭섭한 마음을 뇌까려 본다.

침대에 누워 엎치락뒤치락하다가 산책하기로 마음을 바꿔 먹었다. 한파 경보라며 겁을 주어 대던 일

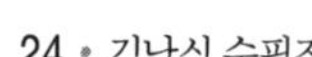

기예보에 대비하려고 옷을 몇 겹으로 끼어 입고 털모자와 마스크로 온몸을 폭 쌌다. 덕분인지 바깥 공기가 차고 바람도 심하게 부는데 견딜만하다.

스마트폰에서는 '베사메무쵸' '가고파' '오 나의 태양'이 연이어 흘러나온다. 요리조리 산길을 걸으면서 맛있게 점심을 먹고 있을 셋을 떠 올려 보자니 구수한 냄새가 코끝을 스치는 것 같다.

동생과 딸을 사랑스럽게 바라보고 일부러 입맛이 없다며 맛있는 음식을 넘겨주는 아내, 흐뭇한 눈길로 언니를 바라보면서 즐거워하는 처제, 엄마와 이모에게 번갈아가며 어리광을 떨고 있을 막내의 얼굴이 아른거린다. 가장 험한 코스인 첫 번째 오르막길을 걷자니 숨이 차고 가빠진다. 가파른 길을 지나 평지에 이르러서 대중가요 쪽으로 바꾼다. '삼팔선의 봄', ' 울고 넘는 박달재', ' 머나먼 고향'…… 이어지는 노래마다 어머니와 고향 생각이 가슴을 촉촉하게 적셔댄다.

분위기를 전환하기 위해서 운동기구 앞으로 다가간다. 팔굽혀 펴기, 몸 비틀기, 장딴지와 허벅지 문지르기, 윗몸일으키기, 다리 엇갈려 흔들기……. 어느덧 등과 몸이 후끈거리더니 이마에 땀이 흐른다.

아내와 자주 이 코스를 밟으며 함께 운동을 했는데, 어느 날부터인가 나 혼자서만 밟게 하고 수영장에 따라오는 일도 멈췄다. 다시 함께 하자고 청해보기도 하고 윽박지르며 강권을 해도 꿈쩍 않는다.

2차 코스인 가파른 내리막길에 접어드니 미끄러질까봐 걱정스럽다. 살금살금 조심을 하는데 갑자기 센바람이 부는가 싶더니 새빨간 운동복을 입은 여자가 옷깃을 스치고 앞으로 뛰어간다. 하마터면 넘어질 뻔했는데 미안하다는 말은 커녕 돌아다보지 않고 씽씽 뛰어간다. 버럭 소리를 지르려는데 아내의 얼굴이 떠올라 심호흡으로 대신한다.

"남을 괴롭히지 마세요. 그럴수록 잘못을 저지르게 되잖아요."

3, 4, 5 코스를 걷고 나니 온몸이 땀으로 흠뻑 젖는다. 어깨 돌리기와 널뛰기에 이어 철봉까지 마치고 쉼터에 앉는다.

아내에게서 '임아! 그 강을 건너지 마오.'라는 영화를 보러 간다는 문자가 온다. 오전에 남자들 모임 때 같이 가자고 하니까, 왜 그 속에 끼냐며 극구 사양을 해서 마음이 걸렸는데 잘 된 일이다.

대형화면 귀퉁이에서 89세 할머니가 98세를 일기로 세상을 떠난 남편의 묘를, 울면서 바라보는 애잔한 장면으로 시작되는 이 영화는 차차 진한 감동으로 이어진다. 들국화를 머리에 꽂아주고 낙엽과 도랑물과 하얀 눈을 뿌려대며, 서로가 음식을 먹여주고 잠자리도 보살펴주며, 얼굴을 어루만져주는 장면들은 가슴을 뭉클하게 한다.

이 세상을 먼저 떠나버린 여섯 아이들 내의를 사가지고 하늘나라에 가거든 나누어 주라고 당부를 하고, 생일날 티격태격 싸우는 자식들을 바라보며 슬퍼하는 일그러진 얼굴은, 옆 좌석의 젊은이들을 훌쩍거리게 하더니 나까지 눈물을 짓게 했다.

영화를 보러 간 내 님(?)은 지금쯤 무슨 화면을 어떤 모습으로 보고 있을까. 할머니가 당부한 노래를 불러주는 구성진 가락을 들으며 미소를 짓고, 어린아이 같은 장난기어린 행동을 보고는 함빡 웃겠다.

나도 아내를 잔잔하고 흐뭇하게 웃겨줄 수 있는 묘안들을 찾아봐야 할까보다. 둘이서 손을 잡고 정겨운 사람들을 많이 만나고 재미있는 취미활동도 하며 오래도록 남길 추억들도 만들어 가야 하겠다.

영감님이 뒤틀린 마나님의 무릎을 쓰다듬어 주고, 마나님은 꺼져가는 짚불처럼 죽어가는 영감의 옷가지들을 아궁이에서 태울 때는 얼굴이 일그러질 테지. 남편 수의를 빨아 널고 관속에 누워 있는 얼굴을 쓰다듬으면서 목이 메다가, 마침내 시신(屍身)을 지하에 묻고는 처절하게 울어대는 할머니를 보면서 얼마나 눈물을 흘려댈까.

사랑하는 마음으로 자기 동생과 막내에게만 맛있는 음식들 내주고, 내가 화를 내려하면 손을 내 저으며 막아내고, 영화를 보면서도 나를 생각하고 있을 아내가 사랑스럽다. 훗날 내가 영화 속의 장면처럼 된다면 아내는 그만큼 울까, 아니면 그보다 훨씬 더 슬프게 울까.

고슴도치를 닮고 싶다

몇 년 전 수필문학지에 '고슴도치 새끼자랑'이란 주제의 원고를 보냈다. 손주들 넷이서 하는 모습이 하도 귀여워서 이를 소재로 글을 썼더니, 책의 제목으로 뽑히는 바람에 무슨 큰일이라도 해낸 것처럼 자랑스러웠다.

글의 주요내용은 누구나 경험하고 있을 법한 평범한 이야기다. 큰 딸네 손자는 내가 무슨 말을 건넬 때마다 "네 할아버지, 네 할아버지" 하고 정감이 철철 넘치도록 불러주어 사랑스럽다. 제 동생들에게는 어른들께 해야 할 존대 말을 일러주고, 식사를 할 때면 우리 내외가 먼저 수저를 들어야 시작하도록 가르친다. 손녀는 말 수가 적은 반면 제가 할 일을 혼자서도 잘해내서 우수학생들이 모인 특수고등학교에 입학을 했다.

둘째 네 손자는 만날 때마다 사랑한다는 뜻으로 가슴이 아플 정도로 꼭 껴안아주고 "헤헤 할아버지!" 하며 어리광을 피우며, 손녀는 심지가 굳어서인지 아주 어려서부터 주사나 약을 복용할 경우나, 침을 맞게 되어도 아무렇지 않다는 듯이 잘 견뎌낸다.

셋째네 여섯 살 손녀도 오빠들처럼 나를 껴안아 주고 작은 언니와 꼭 같이 어린 나이답지 않게 대범하게 행동을 한다. 생후 19개월이 채 된 못 된 손자마저 따라서 사랑의 표시를 할 줄 알고 참을성도 있어 매우 신기하게 여겨진다.

몇 해 전 네 아이들과 수영을 마치고 나와서 음료수를 사먹으라고 용돈을 나눠 주었더니, 큰 녀석이 네 명 몫을 모두 거두어 깡통 두 개만 사가지고 돌려가며 먹더니, 나머지는 아이티 지진으로 인한 난민 구호 성금 함에 집어넣었다. 지켜보던 아낙네들이 어쩌면 아이들 교육을 잘 시켰느냐며 나까지 칭찬을 해줘서 가슴이 뿌듯했다.

아이들에게 가끔 용돈을 주어도 잘 받으려 하질 않으려 하는데, 일단 받은 것은 차곡차곡 저금을 한다고 한다. 하는 행동이 착해서 먹고 싶은 것, 갖고 싶은 것들을 사라며 더 보태주어도 사양을 한다. 나이가 적으면 어린아이답게 커야하는데 금전에 집착하게 될까보아 타일러도 달라지질 않아서 걱정이다. 얼굴을 볼 때마다 으레 정겹게 포옹할 줄 알고, 조용하고 과묵한 성격으로 일에 집중하는 모습이나 끈기 있는 태도들이 엇비슷하다. 나 혼자만 특별한 손주들을 둔 것처럼 자랑을 늘어놓게 되는 것은 아마 고슴도치를 닮아가기 때문이리라.

오늘은 더욱 기분 좋은 일이 생겼다. 큰 딸이 흰 봉투를 쥐어 주어서 설날에 즈음하여 주는 용돈인 줄 알았는데, 지난 번 내가 입원을 했을 때에 제 아들이 맛있는 것 사주라며 내 놓는 것이란다. 신통한 마음이 들어 얼른 봉투를 열어보니 5만 원짜리 지폐가 수월찮게 들어 있다. 고등학교 1학년 아이로서는 너무나 큰돈이어서 그 연유를 물어보니, 오래 전부터 아껴 쓰며 꼬박꼬박 모아 놓은 것이란다. 요즈음 아이들치고는 그리 흔한 일이 아니라 더 없이 귀엽고 자랑스럽다.

물론 여러 손주들이 각기 마음에 들지 않는 부분도 많지만, 비교적 잘 커가는 모습을 보면 '윗물이 맑아야 아래 물도 맑다.'는 격언을 떠올리게 된다. 저의 부모들이 잘 가르친 결과이겠지만 우리 집이나 저희들 친가나 아내 친정의 영향을 받은 것으로 생각된다.

내 자식들은 저의 어머니를 닮아서인지 비교적 말수가 적고 온

순하면서도 자립심과 성취의욕이 강한 편이다. 내가 별도로 해준 일이란 책 읽는 습관을 길러주려 한 것 외에는 특별한 지도를 하거나 학원을 보내지도 못했다. "아빠! 돈 줘"하는 말을 들어 본 기억이 많이 나질 않을 정도로 어렵게 키웠는데, 나름대로 잘 배워서 보람 있는 일을 하고 살림도 잘 꾸려가는 것을 보면, 고맙다는 마음에 앞서 가슴이 짠하기만 하다.

큰 손녀가 할머니 댁은 집도 크고 고급차도 있어 부자인데 너무나 아껴 쓴다는 말을 했단다. 아내는 지독하다고 할 만큼 몸에 밴 절약생활을 하면서도, 가족들을 위해서는 아끼지 않고 어려운 사람을 돕는 데는 남보다 뒤지지 않으려고 애를 쓰는 편이다. 이제껏 남들과 다투는 모습을 좀처럼 볼 수 없었고 무슨 일이든지 일단 마음을 먹으면 끝까지 해내는 면도 있다.

나의 어머니는 편모슬하에서 자라는 내가 남에게 손가락질을 받을까 봐 염려를 많이 하셨다. 허욕을 부리는 듯 하면, "송충이는 솔잎을 먹어야지 갈잎을 먹으면 탈이 난다."고 심하게 꾸중을 하셨다. 때로 남에게 기대려 들면, "신세를 많이 지면 죽어서 극락세계에 못간다."며 엄중하게 타이르셨다.

처가의 장인어른은 조용한 성품이신데도 정이 많으신 분이셨다. 만나 뵐 때마다 반가워하시면서도 젊은이들끼리 즐거운 시간을 보낼 수 있도록 배려를 하셨다. 속으론 언짢아도 겉으로 딱히 내색은 않으시고 그저 입만 만 다셨다. 장모님은 손이 큰 편이어서 여러 사람들에게 베풀며 사셨고, 십남매 자녀에 여러 며느리들과 사위들을 대하고 사시면서도 늘 웃는 모습이셨다. 두 분께서는 가족의 화목을 돈독하게 이루시고 동네 사람들과도 정답게 지내셨다.

손주들의 조부모님들도 훌륭하시다. 장로와 권사, 안수집사 등 세 가정 모두 기독교 가정으로, 평온하고 성실하며 의지가 굳은 것 같아 본받을 점들이 많다.

손주들이 커가면서 잘못을 저지르기도 하지만 비교적 바른 길로 가는 것은 이런 가정들의 영향을 받았다고 믿고 싶다. 녀석들의 가족사(家族史)의 단점은 닮지 말고 장점만 따라가길 바라는 마음 간절하다.

동네 경로당에서 손주자랑을 하려면 적어도 5만원 이상은 내 놓아야 한다고 한다. 돈을 훨씬 더 많이 내놓더라도 고슴도치처럼 자랑을 많이 할 수 있도록 잘 자라 주었으면 참 좋겠다.

할수록 기분이 좋아지는 것은 고슴도치 새끼자랑일 것이다.

말리는 시누이가 더 밉다?

"삼촌! 설 때 뵐게요. 건강하셔야 되요."

생질들이 번갈아 전화로 안부를 물었었는데 생질녀에게서 문자가 왔다.

"내일 유성 쪽 연화골 한정식 식당으로 숙모랑 꼭 나오세요."

동기간이라고는 단 누나 하나뿐인데 조카들이 항상 살갑게 대한다. 지난 설 명절에 들른다고들 했는데 소식이 없어 궁금하던 차에 반갑다. 건강문제 때문에 고생하시는 누나가 더 편치 않으신가, 아니면 혹시 무슨 다른 일이라도……. 하는 마음에 걱정스러웠는데 다소 안도감이 든다.

고마운 마음에 서둘러 달려갔는데 딸의 부축을 받으며 차에서 간신히 내리는 누나를 보니, 마음이 울적해져서 고개를 돌리려는 순간 아내가 큰 소리로 불러댄다.

“아니, 왜 넋을 놓고 서 있어요. 어서 와서 붙잡아 드리지 않고.”

정신이 번뜩 나서 다가가 손을 잡으니 파르르 떨려온다.

“아이고 동생!…….”

말을 잇지 못하며 눈물을 글썽이는 바람에 가슴이 시려서 어쩔 줄 모르겠는데, 간신히 허리를 펴고 까치발을 띤 채 내 볼을 닦아주는 거친 손이 안쓰러우면서도 따사롭다. 덩달아 손을 눈가로 갖다 대는 조카가 내가 너무 야위었다며 안타까워하는 보습을 대하니, 아이들에게 까지 걱정을 시킨다는 마음에 미안하다.

식당 안이 고풍스럽게 꾸며져 있어 멋스러운데 음식도 듣던 대로 다양하고 맛깔스럽다. 내가 즐겨하는 꽃 게장, 연근 무침, 낙지 젓갈, 아내가 좋아하는 갈치구이와 조림…….

맛있는 것들을 우리 내외 접시에 연방 집어넣어 주는 조카에게 설에 못 온 이유를 살짝 알아보니, 얼마 전 하늘나라에 간 큰 언니 남편이 오는 바람에 온 식구가 슬픈 마음에 휩싸여 겨를이 없었단다.

시누이올케 간에는 경쟁이라도 하려는 듯 그릇을 밀어주며 야단이다. 식사가 채 끝나지도 않았는데 생질들에게 하나하나 안부전화를 하니 저마다 다음엔 저희들이 나를 모시겠단다.

아이들 모두가 '외'자를 뺀 채 "삼촌! 숙모!" 하면서 가깝게 대한다. 크고 작은 행사에는 항상 빠지지 않고, 걱정스런 일이 생기면 상의를 하며 평생 멘토라며 가까이 한다. 저희 어머니에게 특별한 음식을 드릴 때마다 우리도 초대를 해서, 한옥마을 전통음식을 비롯한 메밀소반, 장어구이, 참게 탕, 보신탕에 이르기까지 별의 별 맛을 다 보여준다.

정겨운 이야기꽃을 피우다가 헤어질 시간이 되니, 시누이와 올케가 서로를 껴안고 눈물을 글썽이며, 아쉬운 작별을 하는 가 했는데 단골 연기(?)가 펼쳐진다. 올케가 직접 만든 반찬 보따리를 쥐어주며 용돈봉투를 넣어 주려니까 시누이는 극구 사양을 하면서 실랑이를 벌인다.

나중에는 조카가 특별히 주문했다는 음식들과, 집에서 가져 왔다는 파프리카를 비롯한 양념절임고추 등을 서로 가져가라며 싸우다시피 한다. 만날 때마다 벌어지는 일이라 그러려니 하면서도 유별나다는 생각이 들기도 한다.

통 크고 속 넓은 누나와 유순하고 속 깊은 아내는 친자매 이상으로 애틋한 정을 나누며 지낸다. 며느리를 질타하며 역성을 들어달라는 어머니를 한밤중에 되돌려 보내서 나의 질책을 받기도 했을 정도다.

누나는 만날 때마다 아무것도 없는 집에 와서 평생 시집살이만 한 동생(올케를 늘 그렇게 부름)인데, 이제는 호강 좀 시켜주라 하고 신신 당부를 한다. 아내는 거동도 불편하고 잘 잡수시지도 못하는 누나(아내도 그렇게 함)가, 혼자서 외롭게 사시는 것이 너무나 불쌍하다며 눈시울을 붉히곤 한다.

두 사람 사이를 넘나들며 정겨운 모습을 바라보는 것도 즐거운데, 여러 조카들의 사랑까지 듬뿍 받으니 나는 얼마나 행복한 사람인가. '시누이', '올케'가 아니라 '누나', '동생'이라 부르는 모습이 더없이 아름답게 보인다.

누가, 때리는 시어머니보다 말리는 시누이가 더 밉다고 했는가.

붕어빵에도 마음이 들어 있다

호텔 별실, 푸짐하게 차린 아침 상 앞에서 무슨 일인가를 벌이려는 눈치더니, 큰아이가 연설 대에 서니까 막내는 마이크를 잡는다. 난데없이 국민의례를 마치고 누나의 약력까지 소개하더니 시상식이 이어진다.

"다음은 김순식 여사의 77회 생신을 맞아 표창장을 수여하겠습니다." 엄숙하면서도 익살스런 어투를 섞어가며 읽어내려 간다.

"표창패, 김순식 여사 1937년 7월 15일 생. 귀하는 험난한 역경을 무릅쓰시고 온몸을 던지시어 6남매를 잘 키워내셨습니다. 이에 힘입어 자녀들이 모두 국가와 사회에 많은 기여를 할 수 있게 되었습니다. 그 공로가 지대하여 타에 모범이 되므로 이에 표창합니다. 서기 2012년 7월25일. 대한민국 국무총리 ○○○, 여성가족부장관 ○○○, 교육부총리 ○○○, 국토건설부장관 ○○○, 보건복지부 장관 ○○○, 지식경제부장관 ○○○."

자식들이 어머니께 표창 패를 드리는 것 자체가 색다른 일인데, 저희들을 장관들 직함을 빌어 상패 수여자로 이름을 새긴 것 또한 재미있다. 누나는 장한 어머니상을 받을 정도로 젊은 나이에 홀몸이 되어, 갖은 고초를 겪으면서도 여러 아이들을 훌륭하게 키워냈다

여성화가, 모범적인 가정주부, 고등학교 교원, 대기업 고위직, 여성공예가, 금융회사의 중견간부 등 굵직굵직하게 성공시켜 왕성한 활동을 하도록 만들었다. 모두가 착하고 부지런하며 진취적이며 책임감도 강하다.

자형(姊兄)은 착하면서도 화통하며 머리 회전이 빨라 남의 추중을 불허 하였고 다른 이들을 위해 일하기를 즐겨하였다. "허허" 하며 속 좋게 웃는 모습을 자주 보여주었고, 상대의 잘못을 예리하게 지적하면서도 기분 나쁘지 않게 하는 말솜씨가 대단했다. 아무리 귀한 것이라도 어려운 사람이 필요한 것 같으면 통 크게 던져주

는 넉넉함을 지녔고 뱃심 또한 대단했다. 나의 백부님께서는 이런 자형을 설혹 기관차가 입에 들어온다 하더라도, 단번에 깨물어 삼켜버릴 수 있는 사람이라며 두둑한 배포를 극구 칭찬하셨다.

누나 또한 아무리 어려워도 남에게 의지하지 않으려는 자립정신과, 되도록 남들의 마음을 헤아려 주려는 너그러움을 가졌다. 뼈를 깎는 듯한 생활고도 혼자서 묵묵히 견뎌내셨고, 자신도 어려운 처지이면서도 좋은 것일지라도 어려운 사람에게 주려고 하신다.

누나는 자형이 54세의 이른 나이로 세상을 떠나면서 적극적으로 생활전선에 나섰다. 시장 골목 바닥에 채소와 양념감들을 쌓아놓고, 사시사철 눈비를 다 맞아가며 발을 동동 구르며 뛰고 또 뛰었다.

여섯 자녀들은 저희들을 위해 피나는 노력을 기울이는 부모의 모습을 바라보고 자라서인지 모두 생활력이 강하다. 두뇌가 출중해서 명문학교를 우수한 성적으로 졸업하였고, 심성이 착하고 아량이 넓어서 상대를 배려하는 마음들도 지녔다.

큰 생질녀는 어머니에게 스스로 효도를 하며 형제간애 우애를 강조하고, 큰 생질은 중학교 입학 때부터 졸업을 할 때까지 장애우를 도와 함께 등하교를 하는 등, 바르게 사는 모범을 보여 온다. 동생들도 그들을 따라가며 서로가 사랑하는 모습을 볼 때마다 대견스럽기만 하다. 이렇듯 조카들은 신체적이나 정신적으로 부모를 많이 닮은 편이다.

여러 남매들을 저희들에게 잘 해주지도 못한 나를 좋아하며 잘 따른다. 달포 전 철없이 어리광을 부리던 막내 생질이 저희 어머니를 모시고와서 값비싼 홍삼엑기스를 우리 부부 앞에 놓고는, 제 아내와 딸과 함께 넙죽 절을 해서 매우 고맙고도 대견스러웠다. 산채 등 유기농 고급 요리로 융숭하게 대접을 해 주고 떠난 후 보내 온 문자가 다정스럽다.

"존경하는 삼촌! 항상 저희 곁에 계셔서 참으로 든든합니다. 말씀하신대로 건강을 잘 지키며 행복하게 살겠습니다. 부디 오래오래 사시면서 저희들을 지켜주세요."

엊그제 막내생질녀가 수원에서 내려와 우리내외까지 불러내어 고급 한정식에서 융숭하게 대접을 하더니, 오늘은 둘째 생질이 바쁜 회사 일정을 뒤로하고 멀리 인천에서 달려왔다. 삼 형제가 비슷하지만 유독 저희 아버지와 얼굴은 물론이고 하는 말과 행동이 닮았고, 여유로우면서도 희생적인 마음씨까지 흡사하여, 자형을 대하는 느낌이 들 때가 많다.

경치 좋은 금강 변 아담한 식당에서 고급 민물고기로 포식을 시킨다. 헤어질 무렵 아웃도어 매장에 강권하며 몰고 가더니, 봄옷과 모자들을 씌워주고 멋지다며 좋아한다. 부축을 받으며 내린 누나는 간신히 의자에 앉아 있으면서도 우리에게 좋은 것들을 더 많이 사주라며 채근을 한다.

조카와 아내는 이 옷 저 옷을 골라다 누나 몸에 이리 저리 맞춰본다. 가까이 다가가서 누나 등을 다독여 주려는데, 문득 자형 생각이 떠올라 가슴이 뜨거워진다. 감정을 주체할 수 없어서 어쩔 줄 모르겠는데, 환하게 웃는 모습이 창 너머로 다가오며 손짓을 하는 듯하다.

늘 나만 먼저 앞서게 한 누나와, 맛있는 음식과 멋있는 옷을 사주며 귀여워 해주던 자형과 같이, 내게 사랑을 쏟아 부어주는 조카들이 고맙다.

누나네 붕어빵에는 얼굴만이 아니라 마음도 함께 들어 있나보다.

형제 많은 외아들

외아들인지라 친형제가 없어 늘 부러워하며 지내 온 터인데, 막상 큰 어려움에 처하니 고통과 외로움이 한꺼번에 몰려와 견뎌내기가 힘겹다. 이럴 때 도와 줄 사람이 있었으면 좋겠는데 딱히 연락할 사람이 없어서 조바심을 하게 된다.

이 생각 저 생각으로 싱숭생숭해져 있는데 보고 싶던 얼굴들이 하나둘씩 떠오른다. 누군가에게라도 고통스런 심정을 털어놓고 싶은데 아무도 와주지 않는다고 섭섭해하며 중얼거리고 있는데, 난데없이 동생들이 들어서며 가슴을 껴안고 손을 잡아주며 애석해 하는 표정으로 걱정을 한다. 제수들 또한 나의 안색이 좋지 않고 몸이 야위었다며 안쓰러워한다. 이래서 좋은 것은 남이고 궂은일은 핏줄이라 했나보다.

오랫동안 살아오면서 많은 사람들의 도움을 많이 받아 온 터라, 나이 들어가면서는 되도록 신세를 지지 않으려는 생각에, 입원을 하면서 아무에게도 알리지 말라며 함구령을 내렸다. 집에 돌아온 지 석 달이 되어서 제수로부터 전화가 걸려오는 바람에 아내가 어쩔 수 없이 알렸단다. 들고 온 선물 보따리를 풀어 놓고 정겨운 이야기를 주고받으니 가슴이 뜨거워진다.

둘 다 가구 분야의 내로라하는 전문가들이라 집안의 낡은 시설과 기구들을 손질해 주는 바람에 걱정하던 숙원사업이 술술 풀려나간다. 고마운 마음에 불편한 몸을 이끌고 단숨에 수산시장에 달려가, 횟감들을 구입해서 정담을 얹어가며 나누자니 그 맛이 어느 것에도 비할 수 없다.

동생들은 자기네 생업과 집안대소사로 분주한데도 내 생일이 돌아오면 나를 이끌고, 제주도를 시작으로 동 · 남 · 서해안 등지를 두루 돌며 볼거리 먹거리로 즐겁게 해준다. 또 다른 곳에 사는 동생들은 해외여행을 주선하여 기쁨을 함께 누리기도 한다. 그러던 사람들이 얼마 전부터 사이가 벌어지고 연락이 뜸해져서 걱정을 하는 소리를 듣고 있던 아내가 끼어든다.

"당신은 서방님들 사랑을 참으로 많이 받았어요. 기쁘거나 어려울 때는 언제나 우리 앞에 달려와서 지켜주잖아요. 이번엔 당신 고집으로 연락을 하지 않아서 그렇지 뭐예요. 친형제인들 그렇게 잘할 수 있어요? 당신은 참으로 행복한 사람이에요."

위로를 하고 떠난 후 큰 동생이 보낸 문자가 정겹다.

'존경하는 형님과 형수님! 누가 있어 이렇게 애틋한 내용을 전할 수 있겠어요. 다 두 분 덕이지요. 늘 저희들 건강 걱정만 하시는데 이제는 형님을 잘 챙기세요. 형님이 계셔야 아우들이 있는 법이지 않아요. 행복하게 살아가세요.'

작은 동생도 신통하다.

'4월 5일 11시부터 한식 제례 및 회식을 개최합니다. 공원 묘원 공간에 단장을 하려 하오니 어려우셔도 참석하셔서 즐거운 시간이 되게 해 주세요. 저희들에게 기(氣)를 넣어줄 분은 형님뿐이지 않아요. 꼭 오셔야 되요.'

다른 여러 동생들도 일가친척 모임에 참여하고 제례나 산소 관리를 한다. 때로는 친목행사를 개최함으로써 진심으로 사랑을 주고받아서, 친형제가 없다는 나의 쓸쓸한 마음을 달래주곤 한다.

이는 어려서부터 어른들께서 항상 끈끈한 핏줄의 관계를 변함없이 이어가라는 가르침을 모범적으로 보여주신 영향으로 생각된다. 때로는 우애가 깨질 염려가 될 듯한 경우가 발생해서 맏형으로 커다란 책임감에 괴로워 할 때가 있지만, 현명한 동생들이 결국은 예전처럼 다시 뭉쳐서 잘 해 나가리라 기대하고 싶다.

나는 의타심이 많아서인지 어려운 일을 당하게 되면 보고 싶은 사람들이 많아진다. 그럴 때마다 성현들의 말씀을 생각 하면서 깨달음을 얻는다.

"친구는 하나면 족하고, 둘이면 많으며, 셋이면 넘치느니라."

아무에게도 알리지 말라고 신신당부를 해 놓고서도, 어느 누구는 얼굴 한 번도 내밀지 않는다며 서운해 하니, 아내는 어느새 눈치를 챘는지 위로 겸 충고를 하려든다.

어떻게 이런 마음이 전해졌는지 여기저기서 전화가 걸려오더니 단체로 몰려와 위문을 하거나, 별도로 불러 식사를 대접해 주며 위로를 하는 친구들이 늘어난다. 거동이 불편해서 직접 만나지 못한다며, 용기를 잃지 말라는 정 깊은 위로의 말과 은혜를 베풀어 주는 고마운 사람들에게, 보답을 해주지 못한 자책감에 저절로 고개가 숙여진다.

나는 외롭고 쓸쓸할 때마다 형제가 없다며 힘들어 했는데, 지금 와서 생각해 보니 내 주위에는 사랑으로 대해주는 사람들이 참으로 많다. 수술의 후유증으로 심한 고통을 겪으면서도 멀리 병원에까지 찾아와서 위로를 해주는 아우가 있고, 전자(前者)와 같은 병환인데도 별장 같은 저택에 초대를 해서 맛깔스런 토속 음식을 대접해 주는 형도 있다. 병상에서 쓸쓸하게 지내는데 오래 전에 외지로 떠났으면서도 동부인하여 준비한 중국요리를 손수 먹여주는 지인과, 회복에 효과가 있다는 특별한 건강식품을 음식을 들고 오는 바이오 관련 전문 교수가 고맙다.

현직에 근무할 때부터 잘 도와 준 교감과 교무부장, 학부모회 운영위원장 그리고, 자모회장 내외는 지금도 형제자매로 알고 나와 애틋한 정을 나눈다. 집안에나 농장 일이 어려울 때는 즉시 달려와서 해결해 주고, 해마다 특산물이 생산되는 계절에는 복숭아나 김장거리를 챙겨주어 따뜻한 정을 느낀다.

교육전문직에 근무할 때에 자신들의 업무가 폭주하는 데도 새로 부임한 나를 도와주더니, 근래에는 내게 필요한 건강 정보를 알려주고 직접 제조한 발효액도 건네주던 세 사람이 원거리까지 위문하여 용기를 북돋아 준다.

그 외에도 나를 형제처럼 사랑해 주는 이들은 수없이 많다. 문학회나 음악봉사회에서 나를 바르게 이끌어주며 자칭 형이고 누이라는 이들도 있고, 집에서만 혼자서 지내면 우울증에 걸린다며 등산과 봉사활동 등에 강제로 불러내다시피 하는 동네 분들이 있어 감사하다.

오래 전 어머니께서 세상을 떠나셨을 당시 남들이 형제가 많은 것이 하도 부러워서, 여러 종형제들에게 모두 상주 옷을 입혀주었더니, 가깝게 지내온 사람들이 이런 말을 들려주었던 기억이 난다.

"아니, 김 형은 외아들이라고 서러워하더니 웬 동생들이 이렇게 많아? 모두 새빨간 거짓말이었군!"

그렇다 나는 외아들이다. 그런데도 많은 형제자매들이 있어 자랑스럽고 행복하다. 이제부터는 나에게 잘해 주신 분들에게 조금씩이라도 갚아가며 살아가야겠다고 다짐을 한다.

'형제 많은 외아들!' 얼마나 멋스러운가.

어머니 마음

아내가 밤 소쿠리를 끌어안고 있다. 하얗고 제일 큰놈을 집어 우두둑 깨어 물으니 달착지근한 맛이 입안에 확 돈다.

"야! 으음~ 맛있네! 하나 더……."

집으려는데 가로막는 것을 보니 직접 벗겨 먹으라는가 보다. 내심으로는 그게 아닐 거라 짐작하면서도 짓궂게 속내를 긁어본다.

"새끼들이 어디 한번이나 밭에 가 보기를 하나. 풀도 뽑고 거름도 주며 전지도 해야 하고 잔손이 얼마나 많이 가는데. 밤 따기는 어디 그리 쉬운 일인가, 가시를 찔려가며 바르기는 얼마나 힘든데 벗겨까지 주려고 그래요?"

"주긴 누굴 줘요, 둘이서 먹을 거지. 도와주지도 않으면서 왜 이래요. 당신이 벗겨서 자셔요."

소쿠리를 통째 내 앞으로 밀어 놓는다.

아이들 셋이 모두 집 근처에 둥지를 틀고 산다. 봄에는 냉이국을 끓이고 여름에도 농사지은 푸성귀를 다듬으며, 가을에는 밤과 감을 따고 겨울에도 가끔 뼈다귀 국을 끓인다. 그럴 때마다 나는 신이 나서 철가방을 든 중국집 배달꾼으로 바뀐다. 방문할 때마다 반가워하는 자식들이 믿음직스럽고 팔 벌리고 달려드는 손주들이 귀엽다.

한 바퀴 돌아와 보니 아내는 눈이 퀭 들어가고 얼굴이 일그러졌다. 어깨와 허리와 다리를 번갈아 두드린다. 과로는 스스로 뼈를 깎게 된다는데, 저러다가 정말로 중병에 걸리기라도 하면 자식들 속은 얼마나 썩으며, 또 내 밥상은 누가 차려 주라고 저러는지 모르겠다.

짧은 인생 너무 어렵게 살지 말라고 점잖게 타일러 보기도 하고 본다. 장수비결(長壽秘訣)의 첫 번째가 자식을 자립시키는 일이라는 말도 못 들었느냐며 음성을 높여 보지만 아무런 효과가 없다.

그래서 어머니에 관한 여러 가지 말들이 수없이 생겨난 모양이다. 아들의 애인이 어머니의 심장을 가져오면 결혼하겠다는 말을 듣고 선뜻 떼어 주니까, 좋아서 뛰어가는 아들에게 큰 소리를 질렀다 한다.

“얘야! 넘어질라. 천천히 가거라.”

소경인 아들이 눈 하나를 빼앗아 가고도 나머지 하나를 더 달라는 요구에, 너를 돌보아줄 눈이 하나도 없으면 안 된다고 했다는 웃지 못할 이야기도 있다.

부모는 꼽추 모양으로 휘어진 등인데 아픈 허리를 움켜잡고 온 힘을 다해 구부렸다 펼침으로써, 자식인 화살을 나아가게 하는 것에 비유하기도 한다.

하나님께서 천사(天使)들에게 세상에서 가장 아름다운 것을 데려 오라고 명령을 하셨다. 화려한 꽃들을 따다가 바치고 티 없이 맑고 고운 아기도 데려가 보았지만, 얼마 안 되어 거의가 나쁘게 변해버리게 된다고 퇴짜를 맞는다. 백방으로 찾아낸 결과 목숨을 내어 놓으면서까지 자식을 사랑하는 어머니가, 최종적으로 합격을 했다는 이야기는 나로 하여금 많은 생각을 하게 한다.

가슴을 울리는 시(詩)도 있다.

구부정하게 굽은 허리와
선 굵게 자리한 주름.

……

우리 마음의 고향! 영원한 어머니
세상에서 가장 따스한, 우리 어머니!

천국에서 당신 며느리 모습을 내려다보시고 계실 나의 어머니는 어떤 마음이실까?

매를 맞을래, 사랑 받고 싶니

나이가 들으니 별의 별 짓을 다하게 된다. 이제껏 내 마음 내 뜻대로 살아 왔다고 자부해왔는데 요즈음은 자꾸만 쪼그라드는 기분이다. 하찮은 물건을 구입하려 해도 아내에게 허락을 받게 되고, 출타를 할 때도 일일이 행선지를 밝혀야 안심이 된다. 사소한 문제가 생겨도 혼자서 처리를 하지 못하고, 어려운 일이 생기면 아예 해결 방안까지 내어놓으라고 채근한다. 이런 내 모습을 보며 스스로 한심하다는 생각을 하게 된다. 지난 주일 모임에서 친구가 하는 어이없는 농담을 듣고는 한바탕 웃었다.

"나이가 들어서 안사람한테 대우를 받을 생각을 하는 것은 간(肝)이 대문짝보다 큰 사람이다. 그런 생각일랑 아예 접어두고 매나 맞지 않는 것을 다행으로 생각해야 한다."

그런 말을 듣다보니 먼 옛날에 있었던 일이 더듬어진다. 젊은 교사 시절 이웃집에 모 학교 교장 내외가 살았다. 바깥 분은 학식(學識)이 풍부하고 덕망(德望)이 높아서 교육계에서 크게 존경 받는 인물이었다. 언행이 꼿꼿하고 매사에 치밀하며 엄격한 카리스마를 지니고 있어서, 70여 명이나 되는 직원들이 꼼짝도 못하고 복종할 따름이었다.

헌데, 늑대 위에 호랑이라고 했던가, 부인은 그보다 훨씬 더한 사람이었다. 동네 젊은 아낙들이 꾸지람을 듣지 않은 사람이 없을 정도이고, 심지어 얻어맞거나 머리카락을 뽑힌 이들까지 있다고 한다. 나중에는 그토록 대단한 남편까지 꼼짝 못하고 당하며 산다는 풍문을 듣고는 놀라우면서도 의외라는 느낌을 받았다. 성격이 활달하여 마당발인 교장이 술자리가 잦은 편이어서 정해진 시간보다 늦게 들어올 때가 다반사였다. 그럴 때마다 종아리를 걷고 나무베개 위에 올라가게 한 다음에 회초리를 가했다는 이야기가 담을 넘어 솔솔 퍼져 나갔다.

오늘은 소름이 끼칠 정도로 심각한 장면을 목격하게 된다. 친척 결혼식에 참석하기 위해서 이른 아침에 서울행 기차에 몸을 실었다. 크고 작은 어려움으로 지칠 대로 지쳐있는 아내와 함께 가려니 매우 안됐다는 생각이 든다. 겹친 피로감 때문인지 차창을 바라보고 있는가 싶었는데 어느새 잠이 든 듯하다.

착잡한 심정으로 덩달아 눈을 감으려는데 옆자리에서 갑자기 후다닥 하더니, "꿍~꿍~" 하는 소리가 난다. 새파란 여자가 남편인 듯한 젊은이의 가슴을 두 주먹으로 마구 져 지르고 허벅지를 꼬집어댄다. 언성을 높이며 호되게 꾸짖는 것 같은데 당하는 측은 그저 바라만 보며 외마디 소리만 낼 뿐이다. 되풀이 되는 장면을 바라보자니 놀랍고도 섬뜩해진다. 눈을 감고 있던 아내도 눈이 휘둥그레지며 두리번거리다가, 그런 모습을 목격하고는 못 볼 것 보았다는 듯이 혀를 찬다.

남자는 하얀 피부에 귀(貴)티가 나는 것으로 보아 여유로운 집에서 사랑을 받으며 성장한 듯한데, 유의해서 보니 야윈 몸매에 검은 수건을 얼굴에 쓰고 있는 모습이 중병환자인 것 같다. 심신의 고통이 한계에 달했는지, 그렇게 무자비하게 폭행을 당하면서도 움찔움찔하기만 할 뿐이고, 반격은 고사하고 아예 견뎌낼 기력도 없는가 보다. 연속되는 공격에도 멍하니 앉아서 천정과 차창을 번갈아 바라만 볼 뿐 모든 것을 포기한 사람 같아서 코끝이 찡하다.

무슨 잘못을 저질렀기에 차안에서 저런 행동을 하는지 알 수가 없다. 어쩌면 저렇게 무례(無禮)하고 몰상식(沒常識)하며 악독할 수가 있는가 하는 마음이 들면서도, 오죽하면 저러겠나 하는 마음이 교차된다. 자꾸만 이어지는 꾸지람소리와 손찌검하는 모습을 바라보자니 그 사연이 궁금하고 안 된 생각도 든다. 연속해서 당하는 쪽이 가여워서 뜯어 말릴까 하다가, 폭행하는 쪽을 꾸짖고 싶은 충동에 일어서려는데 아내는 눈치를 챘는지 팔을 잡아당긴다.

저녁 텔레비전 화면에 뇌혈관 질환으로 10여 년 간 투병하는 남편을 극진히 간호하는 장면이 등장한다. 여자는 밝은 표정으로 남편의 얼굴을 정성스레 닦아준다. 결혼 후 줄곧 자기에게 많은 사랑을 쏟아 주었으니 잘 지켜주는 것이 당연하다며 미소를 짓는다. 머리를 빡빡 깎은 환자는 코에 호스를 낀 채 어눌한 말투로 아내와 다른 가족들에게 참으로 미안하다며 흐느낀다. 나도 모르게 손이 눈가로 가는데 아내도 눈물이 그렁그렁하다.

어떤 선배가 회식자리에서 늘어가는 것은 약봉지뿐이라며 질병의 고통을 우회적으로 표현하는 말을 들은 적이 있다. 다른 사람은 나이가 많아지면 일곱 가지 이상 병을 달고 살 수밖에 없다고 했다. 요사이 얼굴이 수척해진 아내의 얼굴을 가만히 들여다보고 있노라니, 기차 안에서 있었던 기가 막힌 일과 텔레비전에서 진한 사랑의 두 장면이 번갈아 밀려와서 착잡한 생각에 잠기게 된다.

'가장 사랑하는 아내로부터 얻어맞고 꼬집히는 남편의 가슴은 얼마나 찢어질까, 오죽하면 사랑하는 남편을 윽박지르고 저질러 댈 수밖에 없는 지경에 까지 이르렀나.' 둘 다 불쌍하게 여겨진다. 한편으로는 민머리에 허연 얼굴로 병상에 누워서 하고싶은 말을 제대로 할 수 없는 가엾은 처지인데도, 사랑하는 이들을 걱정하는 환자와 지극 정성으로 보살펴 주는 부인의 모습이 참으로 눈물겹다.

아내를 위해서라도 잘 먹고 잘 자야 하겠고, 나를 생각해서라도 운동을 열심히 하고 여가를 즐기는 등, 건강관리도 제대로 해야 하겠다. 쉽고 좋아하는 일들을 찾아 마음껏 펼쳐서 마음의 평온함을 회복하도록 하고 끊임없이 기도를 해야 하겠다. 이 길 만이 가까운 사람들로부터 천대를 당하지 않고 사랑하는 사람들을 행복하게 해 줄 수 있는 유일한 길이기 때문이다.

'매를 맞을래? 사랑을 받고 싶니?' 이것이 문제로다.

눈물의 듀엣

"아이고 저런, 우리 아기!"

음성이 떨려온다. 아내가 막 첫돌이 지난 손자를 보살피면서 가끔 하는 말이다. 우리 집에 도착하면 으레 무얼 달라는 몸짓을 하며 졸랑졸랑 쫓아다닌다.

오늘 아침에는 어쩐 일인지 제 할머니가 이것저것 준비해서 정성껏 먹여주는데도 딴청을 부린다. 사정을 하며 입에 넣어주려는 밥숟가락은 본체도 하지 않고 여기 저기 돌아다니며 애를 태운다.

보다 못해 큰소리로 꾸중하는 시늉을 하니까 삐죽삐죽하더니 마침내 "음—마~, 음~마~" 울음을 터뜨린다. 두 볼에 눈물을 철철 흘리면서 서럽게도 울어댄다. 할머니도 따라서 눈물을 훔치더니 말귀도 알아듣지 못하는 어린 아이에게 왜 그러냐면서 핀잔을 한다. 엉겁결에 그랬지만 마음이 짠하다.

청양과 아산에서 근무할 때는 그보다 더 심했다. 당시 생후 7개월 된 큰 손자를 데리고 살았다. 너무 어려서 걱정도 되었지만 예쁘고 귀여워서 둘 다 어쩔 줄 몰라했다. 얼마 후 기관장 부인들끼리 모임도 있고 아내가 수영도 다시 시작해야 하겠기에 어린이집엘 보냈다.

잘 적응하는가 했는데 어떤 연유인지 통학차량에서 내리는 보조 교사만 나타나면 울어댄다. 발버둥을 치며 차에 오르는 아기를 떠나보낼 때마다 제 할머니가 울면 나도 따라서 찔끔거렸다. 아내는 할 수 없이 바깥출입을 아예 포기하고 육아에만 몰두했다. 내가 출근하고 나면 단둘이 커다란 관사에서 쓸쓸하게 보냈다.

시간이 흐르면서 더 큰 어려움이 닥쳐왔다. 왜 그렇게 감기가 자주 걸리고 배탈은 심한지, 먹지도 않고 숨이 차 괴로워해서 우리도 덩달아 힘들어 했다. 어느 날인가 잠에서 깨어보니 아내가 컴컴한 방에서 아기를 껴안고 훌쩍거리고 있었다. 부랴부랴 들쳐 업고 당직병원을 다녀왔는데도 좀처럼 회복이 안 되어 눈물을 짜내며 밤을 꼬박 새웠다.

아내는 자식들 넷에 이어서 여섯 손주들까지 돌보느라 얼마나 많은 눈물을 흘렸을까. 요즈음도 아기가 힘겨워 하면 덩달아 애를 쓰고 아파하면 따라서 괴로워한다. 그렇게 키운 손주들이 보고 싶은데도, 꽉 짜인 학교 공부에다 학원까지 다니느라고 좀처럼 얼굴을 보기가 힘들다. 자주하던 전화도 뜸하고 가끔 와서 자고 가던 발걸음도 아예 끊다시피 한다.

그리운 생각에 자식 손주들 다 소용없다며 투덜거릴 때가 많다. 그럴 때마다 아무 일 없이 잘 살면 되지 뭘 더 바라느냐면서 퉁명스런 내 말투로 덮으려 한다. 맞대응을 하려고 쳐다보려 하면 벌써 눈물을 훔치면서 자리를 뜬다. 우리는 늘 아이들이 기뻐하는 모습이 예뻐서 웃고 아파하는 모습이 안쓰러워서 눈물을 흘린다.

어쩌면 삶 자체가 바로 눈물의 세월이라면 지나친 말일까? 하기야 일생(一生)의 궤적(軌跡)을 좇다보면 눈물이 마를 날이 어디 있으랴. 어차피 그럴 수밖에 없는 것이 인생이라면 눈물의 참맛을 여유롭게 즐기며 사는 것이 현명하고 가치 있는 일이 아닌가.

뉴욕 도심에 소재한 울음박스에는 많은 사람들이 모여든다고 한다. 세상이 이쯤이라면 우리 집에도 눈물 동이를 하나라도 마련해야 할까 보다. 인생을 살아가면서 서로가 사랑을 주고받고, 기쁨과 슬픔을 함께 할 수 있는 눈물을 마음껏 흘릴 수만 있다면, 그

것이 진정 행복한 삶이라고 말할 수 있지 않을까.

아흔 노인이 이런 말을 했다고 한다.

"얼마나 운이 좋은가. 올해도 죽지 않고 모기에 물릴 수 있다니!"

미물(微物)과의 만남도 이토록 소중한데, 이 나이에 날마다 안아주어도 시원치 않을 녀석들과 함께 울 수 있는 우리는, 누구보다도 특별한 은혜를 받은 사람일 것 같다.

시시각각(時時刻刻)으로 어려움에 부딪치는 문제가 많이 발생할 테지만, 보람 있고 가치 있는 눈물을 흘릴 수 있는 기회를 자꾸 만들어가야 하겠다. 미물을 만나는 것도 행운이라는데 하물며 아끼는 사람을 위해 보람 있는 눈물을 흘릴 수 있는 것은 얼마나 소중한 일인가.

사랑하는 사람과 함께 흘리는 '눈물의 듀엣'은 참으로 아름답기만 하다.

자식에게 물려 줄 값진 선물

천국과 지옥에 관한 이야기가 우리를 다시 한 번 뉘우치게 한다. 하나님께서 맛있는 음식들을 풍족하게 주고 긴 젓가락으로 먹게 했다. 얼마 후에 살펴보니 천국에 있는 사람들은 살이 통통하게 찌고 지옥에 있는 이들은 뼈만 앙상하게 남았다. 전자는 긴 젓가락으로 서로를 먹여 주고 후자는 자기만 많이 먹으려고 발버둥을 친 결과라 한다.

우리 사회가 갈수록 각박(刻薄)해지고 포악(暴

惡)해진다고 염려를 많이 한다. 해마다 넘치던 구세군 자선냄비를 비롯하여 모든 기부활동이 점점 줄어든다고 다들 걱정이다. 아내는 자기 모임에서 약한 자들을 위해 좋은 일을 하자고 돈을 조금씩 모았는데, 그걸 중국여행 자금으로 전용(轉用)하자고 결정을 해 버렸다면서 안타까워한다.

기부는커녕 혼자 몸으로 온 가족의 생계를 근근이 이어가는 여성을 등치는 악당들의 소행이 언론에 소개된다. 리어카로 폐지를 날라서 푼푼이 모은 돈을, 강아지 코에 붙은 밥풀을 떼어 먹듯 했다는 얌체족들의 이야기도 듣게 된다.

반면에 어려운 환경 속에서도 자기보다 낮은 자들에게 헌신적으로 베푸는 사람도 많다.

90대 부부가 평생을 절약하며 모은 돈 40억을 불우이웃을 도우라며 쾌척(快擲)했다는 소식은 감격적이다. 미리 상의를 했더니 자기는 든든한 직장이 있으니 걱정하지 말라며 응원을 했다는 아들의 이야기는 더욱 큰 감동을 준다.

국밥 장수로 푼푼이 벌은 돈을 선뜻 장학금으로 내어 놓았다는 할머니와, 굶주림으로 죽어가는 아프리카 어린이들을 돕자고 호소하는 유명 연예인들의 음성이 귓가에 맴돈다.

그 지역에 학교를 세우고 아이들을 가르쳐 악단을 만들어 전국을 순회하고, 우리나라까지 와 활동을 하게 해주었다는 신부(神

父)의 이야기는 우리로 하여금 많은 것을 생각하게 한다.

이 세상에는 나쁜 짓을 하는 사람보다는 착한 사람이 많듯이, 남에게 베푸는 사람이 훨씬 넘치기 때문에 가난한 자와 부유한 자가 공존할 수 있어서, 사회는 순탄하게 굴러가게 되는 것이다.

우리 내외도 비록 작은 일들이지만 나름대로 어려운 사람들을 돕는 일에 참여를 한다. 오지의 미자립교회(未自立教會)를 찾아가고 열악한 시설을 방문하여 불우한 사람들과 위로예배를 드리는 등의 활동을 벌인다. 앞으로는 교회의 여러 가지 일들에 참여하고자 한다. 아내의 평생소원이라는 해외선교활동에도 간접적으로 참여해 오고 있고 여건만 허락한다면 현지에도 참여를 하고 싶어 한다.

하지만 비록 작은 일일지라도 남을 위해 일을 한다는 것은 그리 쉽지만은 않다. 아무리 마음에 둔 일일지라도 선뜻 실행에 옮기기란 그리 간단하지가 않다. 그래도 시작이 반이라고 한 번 발짝을 떼기 시작만 하면 잘 풀리게 마련이다. 우리는 먹을 걱정은 안 해도 될 테고 아이들이 모두 자립해서 잘 살아가고 있으니 염려는 내려 놓아도 된다.

낮은 자들에게 조금씩이라도 다가가서 복음(福音)을 전할 수 있도록 눈을 돌려야 하겠다. 이런 마음으로 여생을 멋지고 재미있게 살아가려고 한다.

자식에게 물려 줄 것은 많은 재산도 아니고 풍부한 지식이나 높은 명예와 권력도 아니다. 모두가 하찮은 것이며 한순간에 지나지 않는 것이기 때문이다. 내가 떠나간 후에 자식들이 이렇게 말할 수 있도록 하는 것이 가장 값진 선물일 것이다.

"나의 부모님은 영원(永遠)히 변하지 않는 행복(幸福)을 위해 일하다가 가셨다. 하나님께서 기뻐하시는 그 일을 위해서……."

제 2 장

마음을 닦으려고

마음을 닦으려고 노력을 하다보면 자신을 사랑하게 되고,
이웃을 잘 섬길 수 있게 되어 스스로 참된 평안을 이룰 수 있게 된다.

왕건의 리더십

오늘은 고향 세종시에 강의를 하러 가는 날이다. 준비를 하고 막 나서려는데 아내가 등 뒤에 대고 너무 흥분하지 말고 침착하게 잘하라며 한마디 한다. 과묵(寡黙)한 아내가 요즈음은 꽤나 간섭이 잦아진다. 부부동반모임과 같이 여럿이 모이는데 갈 때마다, 말을 많이 하지 말라는 횟수가 늘어나는 것을 보니, 나를 길들이려고 작심(作心)을 한 듯하다. 내가 비교적 말이 많은 편이고 웃기기를 잘 하는 터라 이를 염려하여 고쳐보려는 의도인 모양이다.

어렸을 때 유머가 풍부하셨던 백부(伯父)님과 중부(仲父)님 생각이 난다. 백부님은 일꾼들이 논에서 땀을 흘리며 일을 할 때면 논두렁에 앉아서 익살스럽게 재담(才談)을 하시고, 동네 젊은이들에게 담배를 권하시며 맞담배질을 하는 등 파격적(破格的)인 배려도 하셨다. 아마도 힘에 겨운 일을 수월하게 하려는 뜻과, 나이 들어 청년들에게 소외당하지 않으려는 복합적인 의도가 깔려 있었던 것 같다.

중부님은 면장 일을 맡으시면서 직원이나 면민들과 거리낌 없이 농담을 잘 하셨다고 한다. 여러 사람들과 편하게 대화를 하여 친화력을 넓힘으로써, 폭넓게 여론을 수렴하여 행정에 반영하셨다. 옳은 일이면 반드시 관철하겠다는 의지가 강하여 상급기관에도 바른말을 하는 것을 주저하지 않으셨다고 한다.

어머니께서는 내가 그런 두 분을 닮아가는 것이 염려스러우셨던지 절대로 따라하지 말라고 당부를 하셨다. 사내대장부가 가볍게 굴면 남들이 하찮게 보고, 입바른 소리를 자주 하면 적이 많이 생긴다 하여 엄하게 교육을 하셨는데도, 역시 핏줄은 속일 수 없었는지 낄 곳 안 낄 데를 구별 못하여 꾸중을 듣기가 일쑤였다.

이 나이에도 나와 직접 관계가 없는 일인데도 옳지 못하다 싶으면 시시비비(是是非非)를 가리려 든다. 선배들에게는 어리광처럼 이죽거리고 후배들에게도 말참견을 하니 아내가 막을 만도 하다. 말이 많으면 자신은 물론이고 상대에게까지 피해를 끼치게 된다고 했다.

나이가 들수록 책을 많이 읽지 말라는 글을 새겨야 한다. 머리에 지식이 많이 찰수록 밖으로 내어 놓고 싶어서 말이 많아지기 때문이란다. 지식(知識)이 많은 사람은 자기가 다 아는 것 같아서 말을 많이 하게 되고, 지혜(智慧)로운 자는 항상 부족한 것 같아서 더 채우려고 많이 들으려 한다는 말이 마음에 와 닿는다. 말을 잘하는 것보다 잘 들으려는 자세가 훨씬 더 중요하다.

사범학교 시절 교생실습에서 토론식 수업을 전수 받아 초임교사 때부터 줄곧 이를 고집해 왔다. 나중에는 학교장이나 교육청의 인정을 받아 도내 장학사들 앞에서, 이런 형식의 수업을 하고 난 후 그에 대한 연수를 주도하여 칭송도 받았다.

매 학기 초마다 학생훈련을 철저히 시키고 전 과목에 걸쳐서 일관되게 토론을 전개했다. 이때에도 먼저 해야 할 일은 말하는 것보다 듣는 태도를 습관화시키는 일이다. 교사가 하는 작은 소리를 재생(再生)해서 이야기 하고, 책 읽어주는 내용을 듣고 요약해서 말하도록 한다. 맨 앞 사람으로부터 시작해서 끝에까지 이어서 말을 전하고, 들은 후에는 여럿 앞에서 발표해 보는 등 다양한 내용이나 방법을 구사(驅使)하도록 훈련을 하였다.

들려오는 소리를 듣고 무심히 흘려보내는 것보다는 정신을 집중해 정보를 모아 분석해서 뇌로 보내는 능력을 키우려 노력을 기울였다. 히어링(hearing)보다는 리스닝(listening)을 잘 할 수 있는 능력을 길러줘야, 상대방의 의도가 무엇인지를 명확하게 파악할 수 있어서 대화의 질을 높여 나갈 수 있게 된다.

말을 잘하는 비결은 '경청(傾聽)의 힘'에 있다. 때문에 실제로 듣기 능력이 떨어지면 조직 내에서 의사소통이 잘 이루어지지 않으며, 학습 장애나 대인기피증과 정신병에까지 영향을 미친다고 한다. 듣는 능력을 키우는 것이야말로 성공의 지름길이라 해도 과언이 아닐 듯싶다. 일상생활에서도 듣기 능력이 떨어지면 나를 앞세우게 되고 남을 지배하려 한다. 듣는 지혜와 기술은 여러 방면의 사회생활에서 반드시 익혀야 할 필수조건(必須條件)이다.

이런 면에서 궁예와 왕건의 리더십을 비교한 이야기는 우리에게 삶의 지혜를 준다. 궁예는 여러 가지 재능을 가진 뛰어난 사람이기에 다른 사람을 믿지 못하고 독단(獨斷)으로 모든 결정을 내리는 스타일이었다고 한다. 처음에는 그런대로 권력을 유지해 갔으나 결국은 스스로 잘못을 저지름으로써 불행한 최후를 맞게 된다.

이에 비해 왕건은 비상한 두뇌를 가진 궁예에 미치지는 못하지만, 부하들을 믿고 그들의 말을 잘 들으며 다스려서 삼국을 통일하여 큰 영광을 누렸다는 것이다.

현명한 처세술(處世術)의 중심은 역시 훌륭한 경청(傾聽)이 필수이다. 듣는 것은 어렵지 않기 때문에 말을 잘 하지 못하는 사람은 들을 줄만 알면 대화에서 유리한 고지를 점령할 수 있다.

나도 어머니의 말씀을 되새기고 아내가 당부하는 것에 유의하여, 말수를 줄이고 흥분하지 말며 침착해야 하겠다. 소위 교육학을 전공했다는 내가 비전문가인 아내에게 뒤늦게 가르침을 받게 되다니 참으로 부끄러운 일이지만 새겨두어야 하겠다.

부하들을 전적(全的)으로 신뢰(信賴)하고 그들의 말을 귀담아 들었던 왕건의 자세를 본받기 위해서 말이다.

구구 팔팔 이삼 사(九九 八八 二三 死)

아내가 교회에서 새벽예배를 드리는 데는 약 2시간이 걸린다. 귀가 후에는 토마토 주스를 만들어 주고는 부랴부랴 아침밥을 지어 차려준다. 다섯 살 손녀와 어린 손자를 돌보기에 바쁘다.

잠시 쉴 사이도 없이 청소를 한 다음 슈퍼에 들러 김장거리 등 반찬 재료들을 싸들고 와서 씨름을 한다. 안쓰러워서 견과류나 과일 효소를 챙겨주어도 제대로 먹질 못한다. 오후에는 아이들 목욕시키고 간식을 만들어 주며 저녁 식사까지 종일 눈코 뜰 사이가 없다. 틈틈이 성경필사(聖經筆寫)와 교회 봉사활동에도 참여하며 농장 일에도 열심이다.

걱정이 된 나머지 단 몇 분씩이라도 쉬라며 사정을 해도 소용이 없다. 일을 못해 안달이 났느냐면서 핀잔을 주면 죽으면 썩어질 몸인데 아껴서 무엇 하느냐며 들은 척도 안한다. 남들은 100세 시대에 장수를 하려고 이것저것 좋다는 것은 다 먹으며 헬스클럽과 노래교실까지 다닌다며 달래보아도 어림없다.

하다하다 '99 88 23 4(九九 八八 二三 死)'란 말도 들어보지 못했느냐며 설득을 하려니까, 그 때까지 살 수도 없고 설령 산다고 해도 온전할 수가 없단다. 걸어 다니는 종합병원이 되어서 주위사람들만 들들 볶을 거라면서 고개를 설레설레 흔든다. 상대해 줄 친지들도 거의 다 떠나버릴 것이고, 자식들 때문에 얼마나 많은 속을 썩을지도 모른다며, 무슨 복으로 2-3일 앓다가 깜박 죽느냐는 말까지 덧붙인다.

실제로 따져보면 아흔 아홉까지 팔팔하게 살다가 그렇게 죽는 사람은 여간해서 없을 것 같다. 어떤 사람은 갑자기 죽어버리면 본인은 편할지 모르지만 유족들에게는 두고두고 한(恨)이 되니, 적어도 1-2년은 앓다가 떠나야 정을 뗄 수 있다며, 변화된 핵가족 시대를 감안한다고 해도 2-3개월 정도는 앓다 가야 한단다.

말은 그렇게 하지만 실제로 장수(長壽)하는 것을 마다할 사람은 흔치않다. 나 역시 몸에 좋은 음식이라면 침부터 삼키고, 열일 젖히며 운동에 열심을 다한다. 잠자리에서 일어나자마자 침대 운동을 시작으로 맨손체조와 아령과 줄 운동 등을 하고 낮에는 1시간 이상을 걷거나 수영을 한다.

조금이라도 이상한 듯 하면 즉시 병원을 찾는다. 남들이 하는 일은 따라 하고 싶고, 철철이 새 옷을 구입하며, 이사를 여러 번 다녔으면서도 더 좋은 집에 살려고 애를 쓴다. 겉으로는 나이를 먹을 만큼 먹었으니 다 내려놓아야 한다고 다짐을 해 보건만 못된 탐욕(貪慾)은 떠나질 않는다. 그런 징후를 보일 때마다 아내는,

'헛되고 헛되나니 모든 것이 헛되도다.'

라는 성경구절을 의젓하게 인용(引用)하며 설교(?)를 하려든다.

현직에서는 남들이 오르고 싶어 하는 지위까지 올라갔고, 퇴직 후에도 하고 싶은 일들은 거의 다 하고 사는데, 무엇 때문에 더 욕심을 부리느냐며 타이르려 든다. 세상에 좋은 것을 다 누리며 호화생활을 한 솔로몬 왕도, 죽음에 이르러서는 그런 말을 했다는 것이 나를 일깨워 준다.

평소 존경하며 따르던 은사님께서 재작년에 돌아가셨다. 그 연세에도 꾸준히 활동은 물론이고 일상에서도 절제된 생활을 하셨

다. 광우병 파동으로 온 나라가 어지러울 때에 어떻게 지켜 온 나라인데 이러는지 모르겠다며 걱정을 하셨다. 서울까지 올라가시어 보수단체의 맞불 시위에 참가하시어 성금까지 내신 분이다.

신문 광고란에 지인들의 부음(訃音)을 보시고 먼 곳까지 문상을 빼 놓지 않으셨으면서도, 막상 당신의 조의금은 사양하라는 유언을 남기셨다. 좀처럼 화를 내시는 모습을 볼 수 없고 남의 험담은 절대로 입 밖에 내시지 않으셨다. 사재(私財)를 털어서 좋은 일들을 펼치시어 사회의 귀감(龜鑑)이 될 만한 일들을 소리 없이 해 내셨다. 그렇게 사셨으면서도 남에게 손가락질을 받지 않으며 사는 것이 마지막 소원이라고 말씀하셨는데 병환으로 입원하신 지 딱 3일 만에 작고하셨다.

이런 분도 아흔을 못 넘기셨는데, 내가 감히 장수(長壽)를 하려고 몸부림을 치고 있다니 모두가 어리석기 짝이 없는 일이다. 모두 내려놓고 마음 편하게 살아갈 일이다.

왜 아내 말을 잘 들어야 하는가

"홀로 된 노인이 편치 않다는데 어떻게 그냥 말아요. 당신이 식사대접이나 해주시구려."

음악 학원에서 만나 가끔 식사를 나누는 분이 몸살 때문에 힘들다는 통화내용을 듣고 있던 아내가 하는 말이다. 이 분은 팔십 가까운 나이에 어른답게 모범적인 언행으로 많은 사람이 따른다. 나와는 근방에 사는데다가 뜻이 맞아서 가끔 만나 식사를 하며 친교(親交)를 나누곤 한다.

연세 높은 분이 점심식사를 하자고 먼저 전화를 했는데, 사양을 하고 나서는 마음이 편찮았는데 아내의 말에 더 신경이 쓰인다. 곧바로 연락을 해서 식사를 대접하며 음악 봉사 등 이런저런 이야기를 하니 마음이 풀린다.

앞서 가는 머리가 허연 그 분의 뒷모습을 바라보니 대전공원 묘원에 계신 은사님 모습이 떠오른다. 저 세상에 가시기 전에 내가 처신(處身)을 잘못한 것이 생각할수록 절절히 뉘우쳐진다.

사찰 근처에 거주하는 어느 선배가 은사님의 장수에 도움이 된다는 박달나무 지팡이를 깎아 드린다며 모시고 오라며 초청을 했다. 약속한 날짜가 당도했는데 내게 급한 사정이 생겨서 실행을 하지 못해서 걱정 하는 차에, 은사님께서 저녁 식사를 하자고 전화를 하셨다.

"여보게, 김 교장! 시간이 있으면 저녁이나 같이 하세. 이번엔 내 차례야!"

"죄송해요. 저 지금 몸이 편하질 못해요. 다음에 연락드릴게요."

마침 아코디언 동호회원들의 권유에 못 이겨 성치 못한 몸을 이끌고, 음악 봉사를 간신히 마치고 막 집에 들어오는 중이어서 피곤한 상태이기 때문이었다. 어느새 들었는지 아내는 윗분이 초대를 했는데 어쩜 그럴 수 있느냐며 또 나무란다.

무례(無禮)한 행동임을 뉘우치고 빠른 시일 내에 모시겠다고 다짐을 했는데 안타깝게도 불과 3일 후에 그만 별세를 하셨다.

약속을 못 지킨 것이 죄송스러웠는데 밥을 사주시겠다는 말씀까지 거역을 했으니 너무나 큰 잘못을 저지른 셈이다. 그때 일을 생각하면 나 스스로가 미워진다.

은사님을 찾아뵐 때마다 댁과 가까워서 거동이 불편할 정도로 어려운 처지에 있는 친구를 방문하곤 했었다. 내가 바빠서 한동안 못 가보았다 싶으면 아내는 다녀와야 하지 않겠느냐며 지적을 하곤 한다. 내심(內心) 잔소리가 심하다고 여겼는데 며칠 후 방문해 보니 잘했다는 생각이 든다.

극단적인 어려움을 이겨내며 밝게 살고 있는 것이 외유내강(外柔內剛)의 성품에 기인하기도 한 것으로 생각이 되지만, 하나님을 섬기는 천주교 신자로서 믿음이 깊은 것임을 깨우친다.

이렇게 두 곳을 방문할 때마다 배우는 것이 많아서 나의 삶에 보탬이 되고 큰 힘을 얻는다. 아내가 권유하는 말이 싫어서 때로는 건성으로 듣기도 했지만 채근해 준 덕인 듯싶어 고맙다.

젊었을 때는 내가 하는 말에 아내가 따라왔는데 언제부터인가 상황이 반대로 뒤바뀐 셈이다. 나이 들수록 그런 것이 자연스런 현상이고, 또 그렇게 해야 밥이라도 제대로 얻어먹을 수 있다며 비유(比喩)하던 말이 새삼 느껴진다.

"젊어서 찍은 사진은 여자가 남자에게 기대고, 늙어서 찍은 것은 남편이 아내 쪽으로 기울어져 있다."

실제로 앨범을 뒤져보니 딱 맞는 말인 것 같다.

'어려서는 어머니 말을, 길을 잘 찾으려면 내비게이션 말을, 나이가 들면 마누라 말을 들어야 잘 살 수 있다.'라고 떠도는 말이 새삼 그럴 듯하게 여겨진다.

사소한 일이라도 아내 말을 잘 듣고 볼 일이다. 그럴수록 내가 좋아진다니까 말이다.

버릇도 병이다

"까꿍!"

앞산 공원에서 산책을 하고 돌아올 때마다 건네면 바로 응답을 하는데 오늘은 웬일인지 맞장구를 치지 않는다.

"아이쿠! 헉……"

주방에서 달그락 거리는 소리가 들리는가 싶더니 금방 신음소리로 바뀐다. 얼굴이 일그러진 것을 보니 꽤나 힘이 드는 모양이다. 한 달 전부터 걱정을 하고 또 하더니 급기야 김장 독(毒)이 오른 것이 틀림

없다. 고추를 말리고 방아를 찧느라 씨름을 하고 쑥갓과 쪽파를 다듬는 등 각종 양념 준비를 했으니 지칠 만도 하다.

즐겨보는 연속극이 끝나지도 않았는데 슬그머니 방으로 들어간다. 목장 예배를 드리러 가자고 권유를 했더니 혼자서 가라는 것을 보니 이상한 예감이 든다.

같은 구역의 교우(教友)들끼리 맛있는 식사를 하고, 찬양과 성경공부를 하며 한 주일 동안 즐거웠거나 힘들었던 이야기를 나눈다. 저마다 당면한 문제의 해결 방안을 토론하고 서로가 기도를 부탁하는 자리다. 걱정도 되고 마음도 급해서 뒤를 따라가면서 재촉해도 말을 듣지 않는다.

이런 모임에 결석을 한다는 것은 생각도 못할 일인데 정말 어려운 모양이다. 자기 몸 생각은 하지도 않고 번번이 무리를 한 것 같아서 밉다. 힘든 일일수록 쉬면서 해야 덜 어렵고 충전(充電)도 된다며 사정을 해도 들은 척도 않는다. 혼자서 동동거리며 김장 준비를 다 해 놓고서도 또 무리를 한 결과이다.

안쓰러운 마음에 처가 쪽 식구들과 가깝게 지내는 교우와 이웃들이 많은데 왜 혼자서 동동거리냐며 화를 내 본다. 원래 남에게 의지하는 것을 싫어하는 성격인줄 알면서도 비위를 건드리니까 듣기가 못마땅한 눈치다. 각기 나름대로 집안 사정이 있다는 말에 쓸데없이 핑계를 댄다며 다그쳐 보아도 들은 척을 하지 않는다.

웬만한 일은 혼자서 처리하지 왜 남을 어렵고 귀찮게 하느냐며 좀처럼 남에게 아쉬운 소리를 하려들지 않는다. 여자 몸으로 처리하기 곤란한 일인데도 기어코 혼자서 해내려 안간힘을 쓸 때면 걱정이 되면서도 얄미운 생각이 든다.

이와는 대조적으로 나는 조금만 어려워도 곧바로 협조를 구하는 편이라, 사소하게 손질이 필요한 것도 아내를 불러대곤 한다. 문제가 생길 때마다 남들이 알아서 해결해 주길 바라고, 몸이 아플 때는 찾아와서 위로를 해주지 않는다며 야속해 한다. 어려서부터 자립심을 강조하신 어머니의 엄격한 교육을 받았음에도, 자꾸만 그런 행동을 하게 되니 스스로 부끄럽게 여겨지지만 좀처럼 고쳐지질 않는다.

십 여 년 전, 건강이 나빠져서 누워 있을 때의 일이 생각난다. 처음에는 친척과 친구들이 수시로 드나들어 오히려 성가시더니 몇몇 제자들의 방문을 끝으로 점점 뜸해졌다. 심지어 매일 같이 드나들던 자식들도 1주일에 한번, 아니 그 이상 안 오는 애들도 생겨서 얼마나 서운했는지 모른다.

오랫동안 누워 있게 되니 평소에 자주 만나서 정을 나누던 동생이 매우 보고 싶었다. 잠깐 얼굴을 내밀고서는 전화 한 통화도 안 하는 매정한 사람이라며 화를 내니까 아내는 되레 나를 나무란다. 그렇게 보고 싶으면 먼저 전화를 하지 왜 그렇게 혼자서 안달이냐고 하는 바람에, 시험 삼아 말대로 해보았더니 그쪽도 입원을 했단다.

살다보면 미워함으로써 되레 자신이 손해를 경우가 많다. 얼마 전 시청에서 개최하는 행사에 참여하려는데, 아코디언용 반주기가 고장이 잦아서 내다 버려야 하겠다고 볼멘소리를 하니까, 젊은 수리공은 그렇게 기계를 미워하니까 자꾸만 문제가 생긴다며 넌지시 타이른다. 비록 귀는 없지만 들을 것은 다 듣는다는 말을 덧붙여서 도리어 나이든 내가 어색해졌다.

이 말을 전해들은 아내는 남을 미워하면 내 가슴에 먼저 상처가 나고 결국은 마음의 병이 생긴다고 참견을 한다. 하찮은 물건도 그러면 안 되는데 하물며 사람에게 그렇게 하면 되겠느냐는 충고도 빼놓지 않는다. 그러다보니 평생 아이들을 가르쳐 온 내가 제대로 한방 두들겨 맞은 셈이다. 망가진 자존심에 화가 치밀어 노려보고 한바탕 퍼부으려는데 빙긋이 웃는 바람에 그만 큰 숨만 몰아쉰다.

걸핏하면 미워하는 것도 병이라는데 이 버릇은 언제나 고쳐지려는지 모르겠다.

하지 말아야 할 것들

세상을 살다보면 응당 해야 할 말과 해서는 안 될 말이 있는 법이다. 자신을 스스로 낮추어 무조건 남의 말을 수긍해 주거나, 옳지 못한 일로 억울하게 당하는 사람들을 보아도 지나쳐 버리는 것은 비겁한 행동이다.

옳다 싶으면 할 말은 해서 바로 잡아야 하는데, 권력이나 다른 힘에 눌려 상대방 입에만 맞는 말로 아첨을 해서는 안 된다. 더욱이 억울한 일을 당하고도 좋은 게 좋지 하며 회피하는 것은 비열한 행동이다.

반면에 남들이야 좋아하든 말든 마구 쏟아내서 폐를 끼치고, 자기 성질을 못 이겨 이것저것 가리지 않고 내 뱉고서 후회하는 일도 있다.

화를 내는 것도 습관이 된다고 한다. 화를 가슴에 많이 담아 놓을수록 풍선처럼 커져서 한계치를 넘으면 터져서 봇물처럼 쏟아진다. 이를 잘 다스리지 못하면 마치 홍수에 대한 대비를 잘못해서 저수지의 둑이 무너져 버리는 것처럼 커다란 재앙을 몰고 올 수도 있는 것이다.

아무리 힘이 들더라도 분노를 가라앉히고 비록 급한 상황에 처해도 심사숙고함으로써 충돌을 피해가야 한다. 상대방에 상처를 입히는 언행은 자신과 상대를 불행하게 만드는 일임을 명심해야 한다. 잘 다듬어진 인격이면 누구에게나 존경을 받으면서 행복하게 살 수 있기 때문이다.

나는 소심한 편이어서 매사에 염려를 많이 하고, 조금이라도 손해를 본다싶으면 그냥 지나치지 않는다. 자존심을 조금만 건드린다 싶으면 화를 내고, 별스런 일이 아닌데도 참지 못하고 과격한 언행을 할 때도 있다.

오늘도 하지 말아야 할 말을 해서 아내에게 아픔을 주고, 나 또한 우울한 하루를 보냈다. 텔레비전 화면과 라디오, 그리고 신문엔 온통 귀향길 이야기이다. 반가워야 할 한가위이련만 나의 가슴은 시리기만하다. 하늘에 있는 가족들이 그리워서이다.

"뚝딱 뚝딱, 쏴아, 쏴아"

주방에서 소리가 난다. 제사도 지내지 않고 식구라야 우리 단둘뿐인데 저토록 이리 뛰고 저리 뛰며 야단인지, 왜 일을 스스로 만들어서 고생을 하는지 모르겠다.

엊그제는 과일과 생선 그리고 질 좋은 쇠고기까지 구해왔는데, 이번에는 전을 부치고 송편을 빚으며 나박김치를 담는 등 갖가지 반찬들을 장만하느라 분주하다.

베란다에서 큰 그릇에 절인 배추를 가득 담아들고 낑낑거리며 주방으로 향한다. 얼굴은 일그러지고 어깨는 한쪽으로 기울어졌으며 다리까지 절룩거리는 것을 보니 벌컥 울화가 치민다.

"왜 생고생을 자처하는 거요. 저희들이 와서 같이하면 되지. 가져갈 것까지? 도대체 살려고 이래요, 아니면 죽으려고 그래요."

"모르면 가만이나 있어요. 나도 속이 터져서 이래요. 저마다 명절이라고 야단들인데 이마저 안 하면 답답한 시간을 어떻게 보내요."

목에 무언가 걸린 것 같은 음성이다.

문득 천국에서의 음성이 들려오는 듯하다.

"얘들아 다투지 마라! 좋은 날 왜 이러니."

"맞아요. 엄마 아빠가 가족은 화목(和睦)해야 한다고 하시지 않았어요."

사람들이 어렵고 슬플 때는 먼저 간 사람들이 천사를 보내 주어 곁에서 같이 울게 해준다고 했다. 어려움을 슬기롭게 받아들이고 극복할 수 있을 때까지 지켜 준다고도 했다.

'그렇구나. 아픈 가슴만 만지면 되나? 그럴수록 더 하지.'

어찌할 수 없는 마음을 달래기 위해서 그러나보다. 저렇게라도 움직여서 서러운 마음을 달래려는 것을 헤아리지 못한 내가 잘못이다.

아내를 사랑한답시고 잔소리만 했다. 설혹 내게 듣기 싫고 잠시 자존심이 상할지라도 곧바로 대응을 하지 말고, 왜 그런 말을 하는지 그 속내를 파악하여 말을 골라 해야 한다. 쉽게 바꾸어지진 않겠지만 그렇게 하는 것이 아내를 돕는 일이기 때문이다.

그렇다. 서운한 것을 참지도 못하고 하지 않아야 할 말을 제대로 가리지 못하는 사람이어서는 안되겠다. 그것이 현명한 생활방식이고 가정평화를 위한 지름길임을 새겨두자.

고통의 의미

즐겁게 등산을 했는데 자고 나니 허리가 아프고 왼쪽 허벅지에 통증이 심해진다. 병원에 들렀더니 별일 아니라면서 아플 때만 복용하라는 약을 처방해주었는데 별 소용없다. 대학병원을 거쳐 청주와 서울 등지를 돌아다니며 백방으로 치료를 해도 매한가지이다. 오히려 고통은 점점 더해가는 느낌이다.

즐겨하던 아코디언도 내려놓고 하루라도 건너면 못 살 것 같은 글쓰기까지 포기하고 나니 절망적이다. 서 있으면 당기고 앉으면 아프고 누워도 참을 수가 없으니 정말로 죽고 싶은 심정이다. 아내는 날마다 힘들어 하는 나를 붙들고 빨리 치유(治癒)해 달라고 기도를 한다. 이런 모습을 지켜보면서 아픈 내색을 하지 말아야 하겠다고 다짐을 하건만 얼마 못 가서 어리광(?)을 부리며 매달린다.

아내는 자신이 어깨와 무릎이 심하게 아픈데도 아예 표를 내지 않고, 치료를 하자고 통사정을 하다시피 해도 막무가내다. 사람은 어차피 한 번은 죽어야 하고 떠나면 먼지같이 사라질 텐데 뭘 그리 걱정을 하느냐고 나무라며, 그렇게 힘들어 하지만 말고 그 시간에 마음을 다스리는 일에 열심히 하란다. 궁지에 몰릴수록 고통 뒤엔 축복을 주신다는 믿음으로 크게 부르짖으면, 하나님께서 언젠가는 들어 주실 거라며 용기를 북돋우려 한다.

세 명의 사위들은 나를 번갈아 가며 병상에 뉘이고 일으켜 주며 이렇게 기도를 하며 눈물을 뿌린다.

"주님! 전능하신 손으로 저의 아버지를 회복시켜 주셔서 어머니가 하시는 사역에 동행하게 하옵소서……"

둘째 딸은 간호하면서 이런 말도 한다.

"아빠는 누구보다 강하시잖아. 얼마 안 있으면 회복되실 거야!"

막내는 덩달아 훌쩍거리면서

"아빠! 치료했으니 좋아질 거야. 끈질기게 견디며 살아오셨잖아."

큰 애한테서 간절한 메시지가 왔다.

'아빠 힘들더라도 이겨내세요. 하루빨리 회복하시어 즐겨하시던 문학과 음악활동도 하시고, 사랑하는 엄마와 여행도 가시길 소원해요. 피할 수 없으면 즐기라는 말이 생각나네요. 아빠 사랑해요.' 모두들 사랑스런 말들이다.

인생 자체가 고통이라며 그 의미를 표한 이야기들은 참으로 많다. 맹자는 큰일을 위해서 단련시키는 것이라 했고, 김수환 추기경은 "고통이 없는 인생은 보람이 없다."고 했다. 이 분이 대소변까지 남의 도움으로 받아내는 어려운 상황에까지 처했을 때, 보살피던 어느 주교가 했다는 말이 새삼스럽게 다가온다.

'바보'라고 칭할 정도로 많은 사람들의 어려움을 나누어 가지며 사랑을 베푸신 분에게, 왜 이렇게 오랫동안 많은 고통을 주시냐고 하며, 이제 그만 좀 놓아 달라고 애원하며 드렸다는 기도는 나로 하여금 마음을 절절하게 만든다.

아내는 남들이 겪지 않은 고통을 많이도 겪어왔다. 인자하신 부모님 밑에서 위로 다섯 오빠와 아래로 네 여동생 속에서 평화롭게 사랑을 받으며 곱게 자랐다. 스물셋 어린 나이에 우리 집에 오자마자 고난은 시작되었다. 맨 몸으로 벽을 오르는 것보다 더 어렵다는 홀시어머니의 시집살이는 혹독했다. 일찍 남편을 여의고 세파에 시달려 온데다 단 하나뿐인 아들을 품에서 내어 주게 되었으니 미웠을 법도 하다.

시골 초등학교 선생인 내가 벌어다 주는 쥐꼬리만한 봉급으로 여러 식구를 먹여 살리기에는 너무나 벅찼다. 생전 안 해 본 지게를 지고 논밭을 내달렸고, 리어카에 청솔가지를 싣고 언덕을 오르내리면서 진땀을 흘려야 했다. 돼지 분뇨를 떡 주무르듯 만졌고 분만할 때면 밤새워 도우미 노릇을 했다.

읍내에 살 때는 조금이라도 가난에서 벗어보려고 식료품 가게를 차려 갖은 고생을 다했다. 북적거리는 시장골목에서 손님이 지나갈 때마다, "어서 와유, 이거 사슈!" 하며 기어들어가는 목소리로 애원하듯 손님을 끌던 모습을 생각하면 지금도 가슴이 아리다. 생활조건이 아주 열악한 사글세 집을 전전하다가, 옆방 아이들이 전염병에 걸렸다는 말을 듣고서 야밤에 도주를 하는 등 하루하루가 참으로 버거운 나날이었다.

학교의 낡은 관사에서 생활하던 모습도 가히 눈물겹다. 아내는 보리밥과 찬밥을 독차지 하고 뒷산에서 나무를 주워다 밥을 지으며, 쓰레기장 휴지들을 모아 일용품을 구입했다는 말을 듣고는, 쥐구멍이라도 들어가고 싶었다. 이런 여건 속에서도 교직에서 승승장구(乘勝長驅)하려고 발버둥치는 남편을 바라보았고, 아이들이 무럭무럭 자라면서 공부를 잘하는 것에 희망을 걸으며 용케도 잘 견뎌냈다.

엎친데 덮친 격으로 하늘이 무너지는 상황을 맞게 된다. 명문대학교를 졸업하고 사법고시를 준비하던 외아들이 불의의 사고로 세상을 떠나는 슬픔을 겪게 된다. 눈에 작은 티가 하나 들어가도 아픈데 하물며 자식을 잃은 심정이야 어떠했겠는가.

주위 사람들이 아무리 위로를 해도 우리 귀에는 도무지 들리지 않았다. 머지않아 하늘나라에서 만날 수 있다는 희망이 없었더라면 둘은 이미 어떻게 되었을 것이다. 박완서 선생이 비슷한 상황에서 흐르는 눈물을 주체하지 못해서 내 비쳤다는 말이 나를 더욱 슬프게 한다.

"신(神)을 원망하다가, 원망할 대상으로서의 신이 존재(存在)하고 있다'는 사실에 문득 감사함을 느꼈다."

"고통(苦痛)은 극복하는 것이 아니고 그냥 견디는 것이다."

겹겹이 이어지는 고통스런 삶의 고비 고비를 현명하게 넘어 온 것은 아내의 깊은 신앙에서 연유된 것으로 판단된다. 이스라엘사람들이 출애굽한 광야에서 험난한 고생을 하면서도, 약속의 땅 가나안을 향하는 기대에 버금가는 믿음 때문이리라.

깊은 병을 앓고 있는 중에서도 그 병균과 같이 살다가 함께 죽겠다는 노인은 어떤 심경(心境)이었을까. 하늘나라로 향하는 15세 소녀가 슬퍼하는 가족들을 바라보고 환하게 웃으며 했다는 말이

들리는 듯하다.

"엄마 아빠 울지 마. 나 천국에 갈 텐데 왜 울어. 거기서 다시 만나."

나에게 고통이란 무엇이냐. 절망(絶望)인가, 희망(希望)인가, 아직도 그 의문이 가시지 않는 것은 나의 믿음이 부족한 때문일 게다.

비록 이보다 더 험난한 상황에 처한다 하더라도, 아내가 매일같이 소원하는 것처럼, '천국(天國)의 소망(所望)을 갖고 굳세게 살아가게 해 주소서.'라며 두 손을 모은다.

내 인생의 인도자(引導者)

훌륭한 분을 만났다는 말을 전해줄 때마다 아내는 이런 말을 한다.

"참 좋은 분이시네요. 그런 행실(行實)을 보았으면 실천해 보세요."

나의 인생에 본보기가 되어주신 분은 여럿인데 그 중에서 딱히 꼽으라면 다섯 분을 내세울 수 있다.

먼저 젊은 시절부터 친 형들처럼 이끌어주시며 희노애락(喜怒哀樂)을 함께 해 주신 선배 두 분이다. 다른 한 분은 내가 교감자격증을 취득하고 첫 발령을 받아 벽지학교에서 근무를 할 때 모시던 교장선생님이다. 또 한 분은 정년퇴임을 하고 글을 쓰기 시작할 무렵부터, 자주 만나 뵙게 된 고등학교 한문 교사 출신인 동네 어르신이다. 그리고 몇 년 전부터 강의를 하면서부터 인연을 맺게 된 노인대학장님이다.

먼저 작은 일에도 잘했다 칭찬을 하시고, 불효를 하거나 남에게 실수를 한다 싶으면 엄하게 꾸중을 하며, 힘겨워 하면 다독여 주시고 슬픈 일을 겪으면 함께 울어주시는 두 분 선배님이시다.

다음은 애송이 교감시절에 모시던 교장선생님은 학자(學者) 집안 출신으로 예의범절이 뛰어나고 특히 아랫사람들을 잘 챙겨주셨다. 직원들과 회식을 하려고 식당에 들를 때면 대부분 가장 늦게 들어오신다. 의아해 하던 중 나중에 알게 된 일이지만, 일행들이 마구 벗어 놓은 신발을 신기 좋도록 가지런히 정리하시기 때문이었다. 민망스러워 내가 대신 하겠다며 사정을 해도, 어릴 적부터 습관이 되어서 그러니 아무 걱정 말고 놔두라고 하셨다.

어려운 일을 하는 학교아저씨들이 어려운 일을 할 때마다 자리를 함께 하며 우스개 말씀을 하시고, 질(質) 좋은 간식을 사주는 등 특별하게 대우를 해주시었다. 직원들의 가정에 특별한 일이 생기면 도와주자고 독려 하시면서 발 벗고 나섰다. 친목회장을 통하여 가끔 직원 여행을 즐기게 하고, 방학 중에는 전 직원이 부부 동반하게 하여 학교에서 위로와 격려를 하신다.

세 번째, 동네어르신은 경로당 회장을 맡아서 회원들에게 때때로 어려운 한자를 가르쳐 주시고, 국가와 사회 또는 개인적으로 어떤 문제에 당면할 때마다, 사자성어(四字成語) 등을 근거로 철학적인 의미를 일러 주신다. 매사에 모범적인 언행을 실천하여 생활의 귀감(龜鑑)이 된다. 간간히 소문난 식당으로 초대해서 맛있는 음식을 대접해 주고 정담을 나누어주며 훌륭한 가르침을 들려준다.

네 번째는 최상의 배려를 보여주는 노인대학장님이다. 어느 동문의 권유로 먼 곳 예산까지 가서 어르신들에게 강의를 하게 되었다. 나는 총각시절 초등학교 교단을 시작으로, 교육전문직에서는 중등교육까지 담당하면서, 교원들은 물론이고 학부모들을 비롯해서 지역사회 인사들을 대상으로 가르쳐왔다.

정년퇴임을 한 다음 날부터는 7년 여 간이나 대학생들을 가르치는 행운까지 얻었다. 피 끓는 젊은이들과 열띤 토론을 벌이기도 하고 때로는 예쁜 여학생들의 애교를 받아가며 수업을 했다. 어쩌면 현직에서 보다 더 활기차게 활동하였다. 지금도 충남북과 대전 그리고 세종시의 각 기관과 단체에서 '행복 나눔'이란 주제로 강의를 해오고, 최근에는 노인들 교육까지 맡게 되었으니 근 50여년 가까이 강단에 서고 있는 셈이다.

학장님은 그 지역 부군수 출신이고 나보다 다섯 살이나 더 위다.

한학(漢學)에 조예(造詣)가 깊고 다방면으로 지식도 풍부하시다. 상당한 수준의 컴퓨터 기능도 갖추었고 무엇보다도 훌륭한 인격을 소유한 분이다. 강단에 서는 경험을 자꾸 쌓아갈수록 여러 사람 앞에서 말을 한다는 것은 부담스러운데, 지식이 높고 경륜(經綸)이 풍부한 어르신들 앞에서는 더욱 조심스럽다.

학장님은 이런 어려움을 이미 간파(看破)하고 있었는지 대할 때마다 반갑게 맞아주며 편하게 해주려고 애를 쓰신다. 책임자들 대부분은 수강생들에게 강사 소개를 마친 후에는 자리를 뜨기 마련인데, 항상 맨 앞자리에 앉아서 처음부터 끝날 때까지 미동도 않고 경청(傾聽)을 하신다.

처음에는 편하질 않았는데 횟수를 거듭하다 보니 오히려 든든한 기분이 들게 되면서부터 그 깊은 뜻을 헤아릴 수 있게 되었다. 지역의 소문난 음식점들을 돌아가며 융숭하게 점심 대접을 해주고 귀가하는 차량의 문까지 여닫아주며 깍듯하게 인사를 한다. 그런 고마움에 거절하지 못하고 먼 길을 마다하지 않고 4년간이나 계속해서 다니고 있다.

선배님댁에 방문하여 사랑이 담긴 대접을 받고, 정기적으로 벽지학교 행사에 초대되어 함께하였으며, 동네 어른께 식사대접과 가르침을 듣고, 노인대학에서 즐겁게 강의를 하면서 특별한 대우를 받는 기회가 주어질 때마다 많은 것을 배운다. 아내에게 다섯 분들을 만나 뵐 기회가 주어질 때마다 자랑을 늘어놓으면, 훌륭한 행실들을 조금씩이라도 따라가 보라고 권고를 한다.

위기에 처할 때마다 해법을 찾아주는 두 분 선배님, 어엿한 기관장이면서도 발자국 하나라도 조심스럽게 내디디시던 교장선생님, 풍부한 식견과 고매한 인격을 갖추어 삶의 귀감(龜鑑)이 되는 한문교사 출신의 어르신, 나보다도 훨씬 연세가 높으신 데도 깍듯하게 강사 대접을 잘해 주시는 학장님들은 참으로 존경스럽다. 진작부터 아내의 충고를 염두에 두었더라면 이 세 분들의 100분의 1이라도 따라 갈 수 있을 것이다.

이렇게 마음을 다져 먹다보니 아주 가까운 곳에도 인도자가 하나 더 있음을 발견하게 된다. 나에게 시시때때로 바른 말을 해주고 헛길로 들어선다 싶으면 우회적으로 질책을 한다. 그것으로도 안 된다 싶으면 침묵적인 시위까지 해가며 기어코 바른 길을 제시 해주는 아내이다.

무엇보다도 감사한 것은 근 50여년을 함께 해오면서 결코 변하지 않는 것은 믿음의 시범을 보여준 일이다. 시시콜콜 말로서가 아니라 묵묵히 실행에 옮겨온 모습은, 나로 하여금 동행하지 않을 수 없게끔 만든다. 다소곳이 앉아서 눈을 감고 드리는 기도를 따라하게 되고, 목청을 돋우며 부르는 찬송가를 함께 할 수밖에 없다.

젖과 꿀이 흐르는 요단강 건너의 축복의 땅에 갈 때까지 우리가 드리는 예배는 계속될 것이다.

새로운 인생을 달려갈 수 있도록 인도(引導)해 주신 분들께 감사의 말씀을 드린다.

그냥, 실컷 울어버려!

"거룩하신 하나님!

감사합니다. 영광 받으시옵소서. 교장 선생님을 의뢰합니다. 당신의 사랑하는 아들이 육체의 고통으로 매우 힘들어 하고 있습니다. 만져주시고 고쳐 주시어서 하나님께서 살아 계심을 입증(立證)하여 주시옵소서. 건강한 몸으로 주어진 사명(使命)에 충실할 수 있도록 굽어 살펴 주시옵소서. …… 모든 말씀을 예수그리스도 이름으로 기도드리옵나이다."

목사님을 만나자 마자 울컥거리다가 나중에는 부

끄러운 줄도 모르고 눈물을 펑펑 쏟는다. 사모님이 건네주는 휴지로 닦고 또 닦아도 자꾸만 흐른다.

서울에서 오신 강사님께서 '아름다운 늙음'이란 강의를 한다는데도 참석할 형편이 못 되어, 안타깝다는 문자를 보냈더니 CD를 구해주겠다는 응답에 뛸 듯이 기뻐했다. 주일 예배 후 목양실에 들렀더니 건네주시며 즉석에서 해주시는 기도에 펑펑 울고 있는 것이다.

못난 나 때문에 애를 태우는 가엾은 아내를 생각해서라도 이러면 안 되지 하면서도, 나도 모르게 튀어나오는 신음 소리를 막을 수가 없다. 정말 염치가 없어 주먹으로 땅을 치고 이를 악물어가며 참으려 해도 소용이 없다. 이런 나를 온종일 바라보고 있는 아내는 초죽음이 된 얼굴이다. 잘 먹지도 않는 것 같고 제대로 자지도 못하는 모양이다. 내가 조금만 힘들어 하는 눈치를 보여도 어쩔 줄 몰라 하니 애처롭게 그지없다.

'이렇게 착한 여자가 왜 하필 나한테 시집와서 이 고생을 하나. 다른 남자한테 갔으면 호강을 할 텐데.'

오늘 새벽에는 영하 13도까지 오르내릴 거라는 일기예보인데도 어둠을 뚫고 교회로 향한다. 감기 몸살까지 겹친 나를 두고 염려스러워 하면서도 하나님께 치유(治癒)해 달라고 간구하려고 그런다. 온 몸에 진땀을 뻘뻘 흘리면서 무릎 꿇고 기도를 하려 하는데 아무 말도 나오지 않고 그저 눈물만 나올 뿐이다. 울고 또 울다 지쳐서 이제는 그만 소리마저도 낼 수가 없다.

아내가 들어오는 듯하여 숨을 죽이고 가만히 엎드려 있자니까 벌써 알아챘는지 내 손을 잡고 울부짖는다.

"여보 힘들면 그렇게 참지 말고 그냥 실컷 울어요!"

자지러지는 소리에 그만 넋이 나가 버린 듯하여 멀뚱하게 천정만 바라본다. 금방 숨이 넘어 간 줄 아는지 나를 흔들어 대면서 더욱 큰소리로 울어대는 아내를 달랜다.

"미안해요. 괜찮을 거요……."

목이 메는데 내 귀에 대고 또 소리를 지른다.

"그냥 울라니까 왜 그래요. 그렇게 힘든데 왜 참아요. 그냥 실컷 울라고요."

아내의 품에 안겨 있자니 잠시 통증이 멎어드는 듯하다. 혼자서 마음을 당차게 먹고 뇌까려 본다.

'그래! 힘들 땐 그냥 울자!' '슬픔은 참는 것이 아니라 그것을 이겨야 한다고 했다.'

아직도 대장부(大丈夫)는 함부로 찔끔거려서는 안 된다는 엄칙이 있는 전통적인 사회분위기 때문이다. 그런데도 나는 눈물이 흔한 편이어서 힘들 때 실컷 울고 나면 속이 후련하고 차분해지기도 한다. 고통을 억누르기보다는 마음껏 눈물을 흘리고 감정을 추스르는 것이 더 효과적인 것 같다.

어려움을 이겨내기 위해 흘리는 눈물은 인생을 더 살맛나게 만들 수도 있다고 한다. 아무리 노력을 하여도 문제를 어떻게 해결할 수 없는 지경에 처했을 때, 수많은 사람 중에 내가 너무 불쌍하다고 느껴질 때, 이 세상에 오직 나 홀로 망망대해(茫茫大海)에 버려져 있는 것처럼 처참할 때, 이런저런 이유들로 이제 그만 죽어버리고 싶을 때, 그러한 고비를 이겨낼 수 있도록 도와 줄 수 있는 것이 눈물이라면 맘껏 울어야 한다.

그래 어디 울어보자! 이 어려움을 견뎌내기 위해서 울고 또 울자! 간(肝)을 졸이다가 지쳐서 쓰러져 있는 아내를 달래기 위해서라도…….

어른답게 살아야지

"빨간 불이예요. 가지 마세요."

아내가 급하게 소리를 지른다. 하마터면 큰일 날 뻔했다. 반대쪽에서 청년이 달려오는 것을 보지 못하고 반칙을 한 것이다. 생각해 보면 이런 경우가 한두 번이 아니다. 비단 운전뿐만 아니라 가정이나 직장에서 그리고 사회에서의 생활을 그렇게 해왔다고 해도 과언이 아니다.

'이것쯤이야 뭘. 나만 그러나. 다들 그러는데.'

조금이라도 내게 이롭다 싶으면 손해를 보지 않으려고 안간힘을 쓰며 규정을 어기곤 한다.

부흥강사(復興講師)의 설교가 생각난다.

"교회 지도자들도 세금을 내야 합니다. 나라가 부흥되어 재정이 단단해야 우리들도 편안하게 예배드릴 수 있습니다. 북한 동포들을 생각해 보십시오. 헐벗고 굶주리며 부자유스러워서 예배는 고사하고 기도마저 마음대로 할 수가 없다고 합니다."

월급을 받으면 반드시 세금을 내고 급여의 일부를 떼어서 십일조도 바치니까, 아들도 군대의 적은 월급에서 20%를 헌금한다는 말씀에 절로 고개가 숙여진다. 내가 조금만 손해 보는 듯하면 잔꾀를 부리고 남이 가진 것을 갖고 싶어 하는 나를 되돌아보게 된다.

물건을 구입하려고 가게를 향한다. 통행하는 차량이 적고 인적도 드물어서 무단횡단을 하려니까, 아내가 제지를 하고 나이가 들수록 원칙을 지키라며 잡아당긴다. 아이를 잡아끌면서 하얀 줄이 그어지지 않은 길을 마구 건너는 젊은 엄마를 보며 혀를 찼던 내가 부끄러워진다.

뉘우치는 마음은 잠시이고 동물 뼈다귀와 밤 껍질은 물론이고 그보다 더한 것들을 음식 쓰레기통에 넣으려다 혼쭐이 난다. 젊은 이들이 조그만 잘못을 해도 참견을 하면서, 길에다 코를 풀고 침을 뱉으며 큰소리로 떠드는 버릇도 쉽사리 고쳐지질 않는다.

초·중·고 대학의 교육을 담당하는 동안에 착하고 반듯하게 살라며 엄하게 훈시(訓示)를 한 것이 한두 번이 아니다. 나이 들어 사회의 본(本)이 되지는 못할망정 비웃음거리는 되지 말아야 하겠다고 다짐을 한 지가 며칠이나 지났는가. 세월호 사건을 비롯한 크고 작은 사건들이 일어난 것은, 실은 남이 아니라 내 탓이라며, 모두가 내가 먼저 반칙(反則)을 했고, 내 아이들을 잘못 가르쳐서 일어난 일들이라고 자성(自省)을 한 지도 엊그제다. 이제부터라도 남 보기에 추(醜)한 행동은 삼가야 하겠다.

막상 늙은이가 아닌 어른으로 살아가기란 그리 쉽지가 않다. 그 길을 가기 위해서는 해야 할 것과 하지 말아야 할 일들이 너무나 많다. 존경을 받을 수 있는 언행을 해야 하고 용모를 잘 다듬으며 젊어지려고 스스로 노력해야 한다. 아집(我執)을 버리고 이해와 아량을 베풀며 남을 자기 기준에 맞춰 부정적으로 평가하지 말고 긍정적으로 이해를 해야 한다.

늙으면 아이가 된다는 말을 핑계 삼지 말고 잘난 체도 하지 말아야 한다. 또한 지배하려 하지도 말고 절제할 줄 알며 겸손하고 느긋하게 생활하여야 한다. 받기보다 베풀어 주도록 힘쓰고 외로움을 많이 타지 말며 좋은 친구들과 함께 활발하게 살아가야 한다. 늘 배워야 한다는 자세로 임하고 절약하며 공짜를 좋아하지 말아야 한다. 어른노릇 하려면 여간 어려운 일이 아니지만 조금씩이라도 실행해야 한다.

아내는 중병을 앓는 환자를 위문하러 가자며 우리집 형편에는 넘친다 싶은 거액을 위문금으로 내어 놓자고 제안을 한다. 단돈 몇 천원이 아까워서 웬만하면 아파도 그냥 견뎌내는 사람이 남을 도와주기 위해 큰 돈을 내놓자고 하니 놀랄 만한 일이다.

나눔의 미덕(美德)으로 낮은 자들에게 다가가는 길잡이가 되고, 정도(正道)로 가는 것이 나와 남들을 동시에 편하게 하는 일이라며 은근히 잘난 척(?)을 한다. 고등교육을 받지 못했는데도 평생을 교단을 지켜 온 나를 가르치는 선생님 노릇을 하려드는 셈이다.

이렇게 많은 것들을 행동으로 옮기기는 그리 쉽지 않겠지만 그래도 한 번 따라가 보자. 참된 어르신이 되기 위해서 말이다.

행복을 가져다주는 일기

재 걸음으로 앞산을 오른다. 아침 동산은 오를 때마다 상큼하다. 이어폰에서 흘러나오는 찬송가는 하루의 시작을 기쁨으로 맞고, 풋풋한 풀냄새와 생긋한 솔 내음은 코언저리를 맴돈다. 허겁 허겁 오르막과 조심조심 내리막을 지나니 목 언저리에 훈기가 돈다. 산허리를 감돌아 한 바퀴를 돌아오니 등줄기에 땀이 스민다.

서해안을 향하여 모처럼 둘이서 함께하는 드라이브가 너무도 즐거워서 휘파람이 절로 나온다. 파워

포인트 자료를 화면에 비춰주면서 강의는 시작된다.

"인생 너무 어렵게 살지 마세요. 여러분 중에 누가 지금 힘들게 사십니까, 힘 안 들게 사는 사람은 누구십니까."

거듭 질문을 해도 아무 반응이 없다.

"엉아들 말 좀 해봐! 누님들도 손 좀 들어봐. 말 안 들으면 다음부터 다시는 안 올 거야."

으르고 달래면서 문답식으로 진행된다.

어렵게 살지 않으려면,

"첫째, 내 마음 내 뜻대로 살아야 해요. 둘째, 짧은 인생 마음 편하게 살아요. 셋째, 평범하게 사는 것이 행복한 거예요."

유머를 섞어 열강을 한다. 순식간에 50분이 흘렀다.

나이를 먹을수록 자신이 좋아하고, 하기 쉽고 재미있는 일을 하는 평범한 인생을 위해 노력하자고 역설한다. 나와 이웃을 행복하게 해 줌으로써 가치 있는 인생을 만들어 가자며, "감사합니다. 사랑합니다."를 끝으로 모두 마치니, 박수소리가 우렁차게 쏟아진다. 더욱 잘 하라는 의미로 칭찬을 하겠지 하면서도 마음속으론 꽤나 기분이 좋다. 칭찬은 고래도 춤을 추게 한다더니 맞는 말인가 보다.

주최 측에서 추석이 가까워진다며 특별한 식사 준비를 해 놓았단다. 아내와 서해안 관광을 해야하므로 사양하니까 막무가내다.

간신히 설득을 하고 간월도로 향한다. 충충하던 하늘에 밝은 햇살이 꽂히고 강의도 나름대로 잘 마쳤다고 생각되는 데다가, 모처럼 둘만의 나들이니 한결 마음이 가벼워진다.

"오빠! 이거 살이 꽉 찬 꽃게야. 싸게 줄게. 언니! 자연산 대하. 엄청 크지? 킬로에 삼만 원. 싸다 싸."

왁자지껄, 생선 비린내가 확 치밀어 역겨운데, 사람 냄새가 섞여서 그런지 조금은 잦아든다. 언제나 그랬던 것처럼 20년 단골집으로 향한다. 골고루 먹어보려고 이것저것을 주문하니 아내의 노랭이 기질이 또 발동을 한다. 다 빼버리고 광어와 우럭만 고르니 주인은 혀를 내두르며 새우와 조개, 꽃게까지 덤으로 얹어 준다.

원산도와 효자도가 가깝게 보이는 바다횟집에서 아름다운 경관을 마음껏 즐긴다.

"이놈들 오래만이다. 너희들 잘 만났다."

초장도 안 찍고 새우부터 입안에 넣고, 우럭과 광어회를 상추와 깻잎에 싸서 연거푸 싸서 디밀어댄다. 물끄러미 바라보며 가위질을 하던 아내의 손이 갑자기 내 입으로 들어오는가 했는데 꽃게 살덩이가 혀끝을 놀라게 한다. 아내가 별로 당기지 않는다며 젓가락을 끼적거리는 모양을 바라보자니 저 세상에 계신 장모님 모습이 떠오른다.

처가에 갈 때마다 당신은 입맛이 없어서 아무 것도 제 맛이 안

난다며 있는 것 없는 것 모두를 내 앞에만 내밀어 주시곤 하셨다.

어려운 살림에 남편을 공경하고 십남매 자식들과 며느리들을 굶주리지 않게 하려고 허리띠를 졸라매셨으리라. 그러면서도 좀처럼 내색을 않으시던 그 분이 존경스러워서 코끝이 찡했었는데 아내도 꼭 닮은 형상이다.

조개가 덜 익은 것 같다는 말에 여종업원에게 부탁을 했더니 매우 언짢아하는 눈치다. 마늘과 고추를 더 달래도 화난 듯이 돌아선다.

"오늘 어떻게 나선 여행인데……."

치미는 화가 폭발하려는 눈치를 챘는지 나쁜 것 말고 좋은 것만 바라보자면서 손으로 내 입을 가로 막는다. 아내는 나의 화를 잠재우는 데는 일류 선수이다.

해변에 올 때마다 그랬던 것처럼 말린 장어와 전복이 먹고 싶어서, 어물전 쪽으로 손을 잡아당기니 무슨 돈이 있느냐며 막무가내다. 또 끓어오르려는데 눈치를 챘는지 전복만 사자고 넌지시 던지는데, 심통이 나서 아무것도 사지 말자고 어깃장을 놓는다. 즐기자고 온 나들이가 그만 죽을 맛이다.

칠갑산마루 휴게소에 들러 이곳 특산물 구기자차를 함께 드니 속이 조금 풀린다. 세종시에 들러 우리 내외가 똑같이 좋아하는 복숭아를 한 상자 골라서 먹으니 기분이 훨씬 나아진다. 대천에서는 그렇게 짜게 굴더니 슈퍼에서는 추석에 쓸 갈비와 안심과 등심을 듬뿍 구입한다. 마트 종업원들에게 브라보 콘을 하나씩 건네고 나서니 새벽에 여행을 떠났던 기분이 다시 돌아온 듯하다.

일기를 써 내려가면서 어제 읽었던 책 속의 내용대로 나빴던 일은 버리고 좋았던 일들만 적어본다.

강의를 할 때 방청객이 좋아하며 경청하던 모습, 모처럼 아내와 함께 본 아름다운 바다의 풍광, 어항에서 맡았던 풋풋한 사람 냄새, 맛깔스런 횟감과 달달한 복숭아의 부드러운 감촉, 쇼핑의 기쁨을 맛볼 수 있었던 일들, 그런 것들만 쓰자.

이렇게 쓰는 일기가 나에게 행복을 가져다 줄 수 있을 것이다.

용서는 사랑이다

누나는 어려서부터 여든을 바라보는 지금까지도, 힘들고 견디기 어려운 일 당면하거나 놀라운 일이 생길 경우에는 물론이고 평소에도 건듯하면 이렇게 불러댄다.

"아이고, 아버지~ 아버지~! 아버지~!"

그럴 때마다 헤어지기 전에 받았던 사랑 때문이라는 생각이 들어 눈시울이 뜨거워진다.

누나는 아버지를 떠올리며 그러는지 모르지만, 나는 한 번도 그런 마음으로 불러본 적이 없다. 귀염을 받기는커녕 얼굴조차 본 기억이 없고, 볼 수 없는 분을 떳떳하게 부를 수 없는 서러움에서 그랬던 것 같다. 얼마나 그리움과 한이 맺혔으면 그랬는지를 생각하면 스스로 가엾고 애처롭게 느껴진다.

이런 내가 몇 년 전부터는 "아버지!"하는 소리를 입에 달다시피 하게 되었다. 누나가 부르는 대상이 아니라 내가 모시는 하나님을 향해서 그러는 것이다. 역경을 당할 때는 물론이고 사소한 일만 생겨도 그러다보니 이제는 습관처럼 되어 버렸다. 평생을 부르고 싶어도 부를 수 없었던 이름을 이제는 마음껏 부를 수 있어서 행복하다.

이런 눈치를 일찍부터 알아챘는지 아내 역시 결혼을 한 후로 오늘에 이르기까지, 시아버지에 대해서는 내 앞에서 입 밖에 내어놓질 않는다. 아마 더 이상 가슴이 아프지 않도록 하려는 배려인 듯 싶다.

나는 어린마음에도 그런 아버지를 도저히 용서할 수 없었다. 거미 같은 오누이와 새파란 청춘인 어머니를 버려두고 훌쩍 떠나버렸기에 너무나 미웠다. 가난에 쪼들려 굶주리고 헐벗으면서 울기도 많이 했고, 남들처럼 마음껏 부를 수 없는 억울함이 한이 되어 가슴앓이를 많이도 했다.

거름 지게를 지고 내닫는 여자 농군이자 보따리장수로 세월을 보내시는 어머니 모습을 바라보면서, 용서는커녕 만약 돌아온다 해도 쳐다보지도 않았을 성싶었다. 커다란 짐은 모두 밀어 놓고 어디로 간단 말 한마디 없이 훌쩍 떠나버린 후로 영영 소식 없는 남편이 얼마나 원망스러웠을까. 지치고 버거울 때마다 방바닥을 두드리며 통곡하시던 어머니의 치마 자락을 잡고서, 한없이 울 수밖에 없었던 나는 야속한 아버지 생각이 날 때마다 이를 악물었다.

내 나이 칠십을 넘어 사소한 질병으로도 고통과 외로움을 삼키게 되면서부터는, 어려서부터 고생시킨 아버지를 비롯해서 나의 마음을 아프게 했던 사람들을 들먹이며 볼멘소리를 하게 된다.

평소에도 남에게 상처를 받았다 싶으면 참지 못해 가슴에 담고 잠을 못 이룰 정도로 가슴 쓰려한다. 그럴수록 용서할 수 없는 사람만 늘어가고, 마음의 상처는 커져서 끙끙거리는 횟수가 잦아진다.

이런 나를 지켜보면서 위로를 섞어 건네는 아내의 한마디가 야속하면서도 무섭게 들려온다.

"아직도 그런 생각을 가지고 있으니까 더 아프지요. 나쁜 마음은 빨리 지우라고 그렇게 일러도 왜 그리 못 버려요."

내 뜻을 잘 받들어 주지 않는 자식들, 잘못했다고 사과를 했으면서도 나를 멀리하려는 후배, 지위가 높거나 재정적 여유가 있다고 얕보는 사람을 가만 둘 수가 없다. 본인과는 하등의 관계가 없고 갈등의 내용도 잘 알지 못하면서 조금 더 친하다고 상대 편만 들던 사람, 자기에게 손해를 끼쳤다고 마구 달려들었던 얼굴들을 좀처럼 지우지 못하고 있다.

분을 삭이지 못하고 식식 거리는 소리를 듣고 아내는 다시금 음성을 가다듬고 달래려 든다.

"남들을 용서하지 못하고 가슴에 안고 사는 것은 스스로 죽음에 이르게 하는 것이라고 했어요. 제발 모두 털어버려요. 당신 나이가 얼마인데 그런 것들에 매여 살아요."

내편을 들어 주지 않는다고 섭섭해 하면서도 언제 그런 것을 배웠는가 하고 기특하다는 생각을 한다.

마음을 바꾸어 진정한 사랑을 위해서는 때로 미움도 필요하다고 자위를 하고, 나름대로 그들을 이해하려 애를 썼다고 자부를 해 보지만 쉽사리 고쳐지질 않는다. 어떤 후배가 자기 친구와 다투다가 들은 말이 뼈 속에 박혔다며 기어코 무덤까지 갖고 가야겠다고 했다. 그럴수록 건강에 나쁜 영향만 끼치게 된다며 충고를 했던 일이 엊그제인데, 되레 나는 행동으로 옮기지 못하고 있으니 한심한 일이다.

나이를 먹을 만큼 먹어서 앞으로 살아갈 날도 그리 많지 않은데, 세상을 바르게 보고 쓸데없는 것들은 과감히 떨쳐 버리고 무거운 짐들을 모두 내려놓아야 한다. 쓴 소리를 해준 사람들을 고마워하고, 미워하며 용서 못한 것들을 내 탓으로 돌려야 한다. 옛날의 현자(賢者)들은 남을 용서하는 것은 그리 대단한 일이 아니라고 했다. 상대가 그렇게 할 수밖에 없었던 동기를 이해하고 받아들임으로써, 스스로 만든 고통에서 벗어날 수 있다는 것이라고 가르쳤다.

여러 산들을 품어주는 산맥이 여유롭고 거대하게 보이듯이, 남들을 싸안고 용서함은 상대를 위한 것임은 물론이고, 결국 나를 행복하게 만드는 일임을 알아야 한다. 그동안 독단적으로 판단하고 서운해 했던 매듭을 모두 풀어야 하겠고, 잘못 살아왔다고 괴로워한 나 자신도 용서를 해야 한다. 나의 잘못을 스스로 비난하고 화해하지 못한 것들을 용서하려는 일이 쉽진 않겠지만 그렇다고 쉽사리 포기해서는 안 된다.

공원 산책길에서 엄동설한(嚴冬雪寒)에도 떨어지지 않고 줄기에 매달려 고개 숙인 풀꽃을 바라보니, 아직도 자아(自我)를 용서 못하는 내 모습을 보는 것 같음을 깨닫게 된다. 이제는 모든 것을 훌훌 털어버릴 것을 다짐한다.

'아무리 노력을 해도 자신을 용서하지 못한다면 하나님께 맡겨라. 용서를 하지 못하면 결국 영혼의 감옥에 갇히게 된다.'는 글귀가 두렵게 밀려온다. '네가 받고자 하는 대로 베풀어라'라고 하신 하나님 말씀을 새기며 모든 것을 용서를 할 수 있게 해 달라고 매달리자.

늦었지만 나와 관계된 사람들과 스스로에 대한 서운함을 과감히 내려놓자. 용서는 결국 자타(自他)를 사랑하게 된다는 의미를 알려준 아내가 고맙다.

제 3 장

나눔의 맛을 즐기며

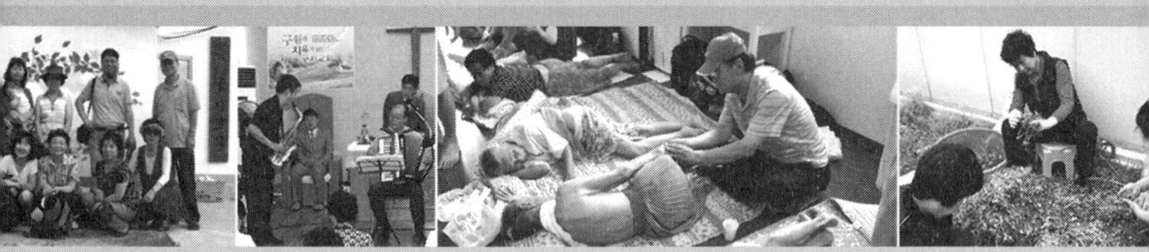

나눔은 나눌수록 커져서 이웃을 즐겁게 해 주고,
자신에게는 더할 수 없는 기쁨을 누리게 해 준다.

천사(天使)를 닮아가고 싶은 마음

"찌르륵!"

'형님! 힘드셨쥬? 그런데 형수님은 어쩌면 그렇게 만나 뵐 때마다 천사 같아유~. 항상 그런 분과 함께 사시니 얼마나 좋아유~'

'천사는 무슨? 얼토당토 않는 소릴 하네. 동생이 더 애를 썼지 뭐. 자랑스러운 우리 집안 대들보! 늘 어려운 일은 도맡아 하니, 자네야말로 진짜 천국 신사지.'

능청스럽게 어리광을 피우는 동생과 메시지를 주

고 받는다.

지난봄에 산소의 잡초를 뽑는다는 연락이 왔다. 참여하고 싶지만 감기몸살을 앓고 있어 망설이는데, 아내가 아무리 어려워도 어른 노릇을 해야 한다며 보채는 바람에 고향으로 향한다.

전날부터 밥반찬들과 생선 횟감 등을 준비하느라 분주하다. 힘이 들 텐데도 반가운 얼굴들을 만날 기대 때문인지 오히려 얼굴에 생기가 돈다.

'아마 아들 녀석이 그리워서 더 저러겠지…….'

도착하자마자 누워있는 표지석(標識石)을 어루만지며 울음을 터뜨린다. 내 가슴도 미어진다. 아픈 마음을 주체할 수 없어 공원묘역을 한 바퀴 돌아보고 있노라니 두 동생들이 도착한다. 정답게 둘러 앉아 준비한 보따리를 푼다.

"허허! 싱싱한 회를 어떻게?, 어쩜 내가 좋아하는 장어에 불판까지, 담북장 맛도 일품이네 그려~."

" 골고루도 준비하셨구먼~."

"형수님 정말 고마워유~. 다음에도 맛난 것 더 많이 해 오슈~."

진한 사투리를 섞어 번갈아 칭찬을 비벼대고 연방 히죽거리면서 푸짐하게 먹어댄다. 두 얼굴에 웃음이 한 바가지씩 피어나니까 어두웠던 아내도 화기(和氣)가 돈다.

햇볕은 따갑게 내리 쬐는데 쉴 사이 없이 풀을 잡아당긴다. 꽤

지친 모양이어서 그릇이나 챙기고 큰댁에 가서 쉬라며 등을 떼미니 나를 나무란다.

"당신도 참! 어떻게 그래요. 칠십이 가까워 오는 두 동생은 잠시도 쉬지도 않고 땀을 뻘뻘 흘리고 있는데, 나 혼자만 편하자고 가만히 있어요? 저기 봐요. 두 무릎을 꿇은 채 뽑고 있잖아요."

한사코 말려도 나에게까지 장갑을 건네주며 허리를 구부리고 뜯어댄다. 쪼그려 앉더니 힘이 부치는지 마침내 털썩 주저앉아 무릎을 주무른다. 동생들의 만류에도 아랑곳하지 않고 다시금 기어다니며 연신 잡아당긴다.

"쯧쯧, 호미라도 준비해 올 걸."

위쪽에서 작업하던 동생이 내려다보며 우스개 소리를 한다.

"형님은 도대체 저런 분을 어디서 주서 왔슈~."

결혼한 초부터 너스레를 떨더니 재탕, 삼탕, 오늘은 근 십여 탕쯤 될 듯싶다. 눈을 흘기며 주먹질을 하는 시늉을 해도 오히려 더 이죽댄다.

한나절 만에 일을 끝내고 팔순이 머지않은 형수님께서 빚은, 구수한 수제비에 맛깔스런 유머를 얹으니 기가 막힐 정도다. 역시 고향은 찾을수록 좋은 곳이고 피는 섞일수록 진해지기 마련인가 보다.

귀가 길에 몹시 피곤한 듯 눈을 감더니 이내 꾸벅꾸벅 졸고 있다. 이곳저곳 몸이 성치 못한데다 바쁜 일정을 보냈는데, 이번에는 점심까지 준비하고 뙤약볕에서 잡초까지 뽑았으니 쯧쯧…….

평소에 제발 무리하지 말라고 그렇게 성화를 대도 아무 소용이 없고, 죽으면 먼지처럼 없어질 몸인데 뭐 그리 아끼느냐며 막무가내다. 그럴 때는 어찌 보면 '삶을 포기한 사람(?)'인 듯하다. 남들이 추어주니까 오버하는지 해도 너무 하는 것 같기도 하다. 설마 정말로 천사처럼 되고 싶은 마음으로 저러는 것은 아니겠지…….

파란 하늘을 바라보고 동생들 칭찬소리를 되뇌이며 중얼거려 본다.

'내 아내가 천사(天使))다? 그러면 나는 천사의 남편인 셈이네. 어림도 없는 소리, 그저 듣기에 좋으라고 부풀려 포장을 한 걸 가지고.'

하기야 미국에서는 낯선 사람에게 길을 가르쳐 주기만 해도, 원하는 것을 들어주고 대가를 바라지 않는다고 하여 '천사'라 부른다고 하지 않는가. 나도 아내 같은 마음을 조금이라도 따라 갈 수 있으면 좋으련마는…….

세상을 떠난 사람들은 이 땅의 많은 사람들에게 천사를 보내서 자신의 사랑을 전한다고 한다.

천국에 있는 우리 아들도 제가 보내준 천사를 닮아가고 싶어 하는 엄마를 바라보면서 얼마나 슬프게 울까, 아니지, 환하게 웃겠지.

즐거운 여정(旅程)

아내 세 자매가 한동네에서 자주 왕래하면서 살아가는 모습이 정겨워 보인다. 누나 하나 뿐인 나로서는 은근히 부럽기도 하고 한편으로는 시샘이 난다. 하루가 멀다하게 전화를 주고받으며 수다를 떨고 색다른 음식만 생겨도 나누어 주질 못해서 안달이다. 누가 병이 나면 자신이 당한 것처럼 아파하고 혹여나 어려운 환경에 처하면 몸이 달아올라서 어쩔 줄 몰라 한다. 작은 일이라도 생기기만하면 단박에 쫓아가서 거들고 그 일이 커진다 싶으면 열 일 제쳐두고 팔을 걷어 부친다.

덕분에 세 동서(同壻)도 함께 친형제 못지않게 잘 어울려 지낸다. 모일 때마다 맛 좋은 음료수를 가져오고 생필품과 아이들 장난감을 주고받는다. 산보를 하며 정담을 나누고 땀을 뻘뻘 흘리면서 시원하게 안마를 해주기도 한다. 무엇보다 좋은 일은 모두가 하나님을 섬기는 터라 모일 때마다 함께 예배를 드리고, 떨어져 있어도 서로를 위해 격려 전화와 기도를 한다.

정기적으로 모임을 갖는데 오늘은 서해안 나들이를 떠나기로 약속이 된 날이다. 한껏 기대가 부풀어 있었는데 방송사에서는 대설주의보를 해주며 기온이 떨어져 길에 빙판이 생길 테니 안전에 유의하란다. 저마다 법석을 떨어대는 것을 보자니까 짜증이 반복된다. 각기 바쁜 사람들이라 미리 잡은 일정을 두 번이나 취소하면서 간신히 조정했던 터다. 주말이어서 간신히 콘도를 얻었는데 폭설이 내리고 혹한이 이어진다고 하여 예약을 취소했다.

수차례 연락을 취하면서 다방면으로 대책을 세웠으나 워낙 위험이 따르는 상황이라 포기했는데 다시금 하루 일정으로 바꾸었다. 걱정 반 기쁨 반으로 자동차에 몸을 실었으나 불안하기는 마찬가지다. 예정대로 대천으로 하느냐, 아니면 삽교천으로 가느냐. 일반도로로 달리느냐, 고속도로냐, 의견이 분분하다가 결국은 고속도로를 타고 삽교천으로 향한다.

오늘따라 차창 유리에 왜 그렇게 김이 많이 서리는지 모르겠다. 비눗물을 뿌리고 브러시를 돌려도 끼고 또 낀다. 잠시 휴게소에 들러서 알아본즉 도로에 뿌린 염화칼슘 때문이란다. 조심조심 어느덧 목적지에 도착해서 어항으로 향하다가 혹시나 하고 콘도에 들렀더니 아직은 예약취소가 안되었단다. 모두들 손뼉을 치며 좋아하는데 아내는 시무룩하다. 1박2일이 아니고 하루 일정이라는 바람에 식사를 위해 미리 준비한 양념과 쌀, 그리고 부식들을 두고 왔기 때문이란다.

어물 가게의 빨강머리 아줌마와 노랑머리 아저씨의 애교 섞인 호객 행동에 따라 웃다보니 어시장에 도착한다. 이리 기웃 저리 기웃 시장조사를 하다가 단골집에 들른다. 펄펄 뛰는 광어와 우럭, 알이 꽉 찼다는 꽃게, 소라와 쌀 조개, 대합 그리고 피조개를 비롯한 바지락 등의 조개류, 낙지도 많이 샀다. 삶아서 내놓은 조개를 안주로 권하거니 받거니 하는 와인 한 잔의 향기를 그 누가 맡을 수 있으랴!

으스스한 날씨에 차가운 바닷바람인데도 불구하고 해변을 거니는 낭만은 여전한데 누군가 멋지게도 불러댄다.

'바람이 불면/ 쓸쓸한 바닷가에/ 나 홀로 외로이/ 부~르던 사랑 노래…….'

해수탕에서 민물과 짠물, 냉탕과 온탕을 넘나들며 목욕을 즐기는 재미가 특별한데 등을 문지르는 손길 또한 부드럽다.

저녁 식탁에 먹음직스럽게 담아 놓은 어패류 여섯 접시를 눈 깜빡할 사이에 비우고, 각종 야채를 썰어 넣은 회덮밥은 여섯이 먹다가 셋이 없어져도 모를 지경이다. 덕분에 남자들은 코를 골아 대는데 여자들은 밤새는 줄 모르고 잘도 조잘댄다.

어떻게 잠을 잤는지 꼭두새벽부터 대합과 쌀 조개를 넣고 끓인 해장국은 속된말로 죽여준다. 하얀 눈을 머리에 이고 을씨년스럽게 서 있는 소나무들을 배경으로 찍은 사진들은 멋진 추억의 증거물이 될 만하다. 카세트테이프에서 흘러나오는 반주에 따라 불러대는 찬송가를 들으시며 하나님도 웃으시겠다.

정겹게 이야기를 나누고 온갖 해물로 포식을 했는데, 세 요리 전문가(?)들이 점심식사로 만든 꽃게찜과 해물매운탕은 금상첨화(錦上添花)인지 아니면 주마가편(走馬加鞭)인지 구분이 잘 되질 않는다. 이틀 간, 생선 원료만 7가지, 요리종류 6종, 식사연인원 4끼에 24명, 서로가 사랑을 한껏 나눈 나들이는 훌륭했다. 세 자매 삼 동서들이 사랑을 나눈 일정은 참으로 정겹고 즐거운 여정이었다.

할머니 표 반찬

지인(知人)의 초대를 받고 달리는 차안, 동행(同行)하는 한 부인이 뜬금없이 아내를 띄우기 시작한다. 지난번 우리 집에서 식사를 할 때 먹었던 음식이 보통이 아니었다며 말문을 연다. 같은 재료인데 자기 집에서 시도를 해보아도 도저히 그 맛을 낼 수가 없는 것을 보니 뭐가 달라도 크게 다른가 보란다.

어렸을 때에 자기 어머니가 해 주시던 그런 순수한 맛이라며 호들갑까지 떠는데, 그의 남편이 아무래도 손맛이 다르기 때문이 아닌가 싶다며 끼어든다. 가만히 듣고 있던 아내의 얼굴이 빨개지는가 싶더니 손을 내 저으며 어린 아이처럼 고개를 숙인다.

목적지에 도착하니 도심 속의 별장은 한 폭의 그림 같다. 앞이 확 트인 남향집인데 멀리 산이 보이고 바로 앞에 흐르는 도랑이 어울린다. 작은 규모지만 아기자기하게 꾸며진 건축에 오밀조밀한 장식물들이 예쁘다. 축소판 농장(?)의 꽃상추와 시금치들은 예쁜 화초들을 연상케 한다. 연주를 할 수 있도록 꾸며진 방에서 병원장의 알토 색소폰과 대학교수의 트럼펫 화음은 아름답고 멋스러운 집에 잘 어울린다.

주방에서는 아낙네들이 재잘거리며 준비한 음식들이 앞뜰 베란다에 차려지는데 가지 수가 많기도 하다. 삶은 돼지고기에 상추를 비롯한 싱싱한 채소들이 입맛을 돋운다. 아내가 담은 오이소박이와 파김치에는 젓가락들이 붐비는데 이에 박자라도 맞추듯이 칭찬의 말들이 보태진다. 고향의 맛이 들어간 것 같다고 하고 돌아가신 친정어머니의 생각이 난다면서 먼 산을 바라본다. 흉내를 내보려고 해도 좀처럼 그 맛을 낼 수가 없다며 그 비법(秘法)을 가르쳐 달라는 이도 있다.

틈바구니를 비집고 들어가 시치미를 뚝 떼고 한마디 거든다.

"어! 이건 누구네 집 솜씨야. 맛이 그럴 듯한데."

눈치를 챈 안주인이 한마디 한다.

"어쩌면 사모님 솜씨자랑을 눈 하나 깜빡 안 하시고 그렇게 잘 하세요."

온통 웃음도가니가 되어 버리니 내가 무안해진다.

엊저녁에는 인근에 사는 가족들이 몰려와서 저녁 식사를 같이 했다. 손자들의 수저는 청국장 그릇에만 몰리고 사위들은 총각김치를 집중적으로 공격(?)한다. 손녀들은 부침개와 동치미를, 딸들은 양념을 바른 깻잎과 토란국을 즐겨 먹는다.

아내가 큰 그릇을 들고 들어선다. 산에서 직접 따다가 방아를 찧고 물을 수차례 갈아주면서 가라앉혀 만든 도토리묵을 내어 놓으니 모두들 야단이다.

큰 손자가 "할머니 표 도토리묵이요!" 한다.

둘째 녀석도 시치미를 떼고,

"한 접시에 십 만 원이요!"

라며 큰소리를 지른다. 한바탕 웃어대더니 왁자지껄 손가락으로 집어 들고 양념간장을 찍어 대니 그 큰 양푼이 삽시간에 바닥난다. 아내는 신들린 듯이 주방을 들락거리면서도 즐거운 기색이 완연하다. 막내가 귀엽게 어리광을 부린다.

"아부지는 참 좋겠어요. 일류 한식 요리사를 마나님으로 두셨으니 100살은 맡아 놓은 당상이네요."

둘째가 거든다.

"일 년 내 유기농식품과 무공해음식만 잡수시니 얼마나 좋으셔요."

내 나이 또래는 다 그렇게 먹고 사는가 싶었는데 그러고 보니 내가 특별한 대접을 받는 것 같기는 하다.

엊저녁에는 아이들에게, 오늘 낮에는 교우들에게 연거푸 칭찬을 들으니, 새삼스럽게 아내가 자랑스러우면서도 조수(助手) 역할을 한 나까지 어깨가 으쓱해진다.

집에 돌아오자마자 박속을 타서 널더니 고추부대를 펼쳐 놓고 다듬으며 재채기를 쏟아낸다. 평생 동안 하는 일이 지겹지도 않은가 보다. 어찌 보면 예사로운 일인데도 불쌍한 마음이 드는 것은 아내의 나이가 들었다는 징표(徵標)일 게다.

할머니 표 반찬 맛이 유별난 것은 폭 삭힌 사랑을 듬뿍 담았기 때문이리라.

일석 십이조(一石 十二鳥)

윤기가 반짝이는 알밤들이 먹음직스럽다. 손아래 동서가 검정 비닐에 듬뿍 담아 준다. 늦게 도착해서 손 안대고 소담스런 밤을 공짜로 얻었으니 고맙고도 미안하다. 남이 볼세라 얼른 벗겨서 입에 넣어 우두둑 깨물어 보니 맛이 참 좋다. 입안에서 우물거릴수록 짙은 가을의 정취를 한껏 느끼게 한다.

점심에는 돌미나리 무침, 토란국, 된장찌개에다 밤밥을 대하니 처제들의 정성어린 손맛이 가을 내음을 더한다.

콧노래를 부르며 돌아오는 길, 문득 걱정이 앞선다. 농장에 있는 밤들은 어떻게 따야 할지 모르겠다. 나무는 손을 보지 않아서 너무 높아 따기가 보통이 아닐 것 같다. 밭둑도 깎지 않아 칡과 가시덩굴이 엉켜 있어서 알밤을 찾아내기가 힘들 것이다. 우리 둘 다 몸이 성칠 못해서 더욱 걱정이다. 지청구를 먹을 각오로 슬그머니 내밀어 본다.

"우리도 밤을 따야 할 텐데 큰일이군요. 바쁘더라도 아이들에게 따오라고 하지요."

"아니 애들은 직장일 하랴, 아이들 돌보랴, 눈코 뜰 사이가 없는데 어떻게 시간을 내라고 해요. 뻔히 알면서 그래요. 어려워도 우리가 하지."

그게 무슨 가당치 않는 말을 하느냐는 기색이다. 나는 언제나 그렇듯이 걸핏하면 욱하는 성질이지만 뒤 끝이 없는 성격이라 타협안을 내민다. 큰 애와 둘째는 직장일도 바쁘고 저희들 공부도 해야 하며, 밤늦게까지 아이들 학원도 보내야 하니까 제외하고 막내나 데리고 가자고 달래 본다. 주말에는 어린애들을 위해 일주일 동안 못한 것을 해주어야 하고, 다음 주에 쓸 것들을 준비해야 하므로 더 바쁘다며 어림도 없단다.

다행히 이튿날 막내가 아이들 둘을 데리고 참여를 했다. 우리 내외와 손녀는 밤 따는 일을 하고 애들 내외는 갓난 아이 때문에 바르는 것을 맡았다. 장대를 들고 까치발을 띠며 털어대도 미치지 않는 것이 많고, 가파른 비탈길을 허덕이는 일도 만만하질 않다. 풀섶에 들어간 밤송이들을 집게로 꺼내 오는 일도 쉽질 않은데, 떨어진 곳을 아무리 헤쳐도 찾을 길이 없다. 그래도 어린 손녀가 거들어 주며 땀을 뻘뻘 흘리면서도 신이 나서 "야! 많다. 빨간 밤이네. 야! 신난다."하며 어쩔 줄을 모르는 모습을 보면서 즐거워했다.

며칠 후 속껍질까지 벗긴 하얀 밤을 담은 비닐 봉투를 손에 들려주면서 아이들한테 돌리라고 한다. 고생고생을 하던 생각이 나서 일부러 어기대며 집적거리니까, 나이도 들대로 들었고 하나님을 믿는 다는 사람의 마음이 그러면 되느냐며 되레 나무란다.

아무 대꾸도 하지 않으며 돌아서는 나를 보며 땅이 꺼지게 한숨을 짓더니 소리를 낮춘다. 남에게 더 큰 것을 아주 많이 베푸는 사람들이 수없이 많은데, 자식들에게 주는 것이 뭐가 그리 아까우냐며 설득을 한다.

나이 들어 마누라 말을 듣지 않고는 못 배긴다는 말이 생각나서 하는 수 없이 집을 돌면서 봉지들을 나누어준다. 실은 나도 다람쥐 같은 아이들에게 주고 싶은 마음이었지만, 장난삼아 일부러 긁어 보았는데 나누어 주고 돌아오니 기분이 매우 좋다.

덕분에 그리운 딸들을 보고 언제 보아도 귀엽기만 한 손주들로부터 포옹과 뽀뽀를 선물로 받았다. 집에 돌아오니 사위들 셋이 돌려가며 고맙다는 전화를 한다.

이게 바로 일석이조(一石二鳥), 일석(一石) 삼조(三鳥)인가, 사조(四鳥)인가. 아니지, 모두 열 두 식구들이니까 바로 일석십이조(一石十二鳥)지.

나눔의 묘미(妙味)

"이 분은 대하 1킬로, 저 분은 꽃게 1킬로, 나는 안식구와 애들 합해서 네 집이니까 4킬로 주세요. 값 안 깎고 더 달라고 하지 않을 테니까 알아서 주세요."

말로는 그래도 일행들과 왔으니 잘 봐달라고 당부하는 의미를 이미 알아챘으리라.

대천 어항 용포리 댁 아줌마와는 오래 전부터 잘 아는 사이다. 지금처럼 그럴 듯하게 가게를 꾸미기 전에는 바닷가 모퉁이에서 날아가 버릴 듯하게 포장을 치고 허술한 옷차림에 검정고무신을 신고 서 있었다. 금방 넘어갈 것 같은 평상(平床)에 넓적한 그릇들을 놓고 있는 모습이 보기에도 을씨년스럽다.

매서운 칼바람을 못 견디겠다는 듯, 벌벌 떨며 동동거리는 모습이 안쓰럽다. 성치 못한 다리를 절룩거리며 애원하듯 호객하는 모습은 천근만근도 넘을 것 같은 삶의 무게를 느끼게 한다. '같은 값이면' 하는 마음에 자주 사주곤 하다 보니 수 년 간 단골이 되었다.

모두가 둘러앉고 내가 대표로 흥정을 한다. 뒤뚱거리면서 톡톡 튀는 새우들을 그물망으로 담아 검정비닐에 자꾸 집어넣더니 따로 내 몫을 담아주면서 살짝 귀뜸을 한다.

"사장님 것은 특별히 더 많이 넣었어요."

"아니?……."

나만 후하게 해 주었다는 말을 듣는 순간에는 욕심이 살짝 동(動)했는데, 아내가 아침에 일행에게 베풀라고 하던 말이 귓가에 맴돌아 멈칫해진다. 생각을 바꿔 덤을 넣은 봉지를 다른 사람에게 건네었더니 마음이 편해진다.

오전에 횟감과 대하를 살 때에는 단골손님이라며 꽃게와 피조개, 그리고 소라 등을 덤으로 주어서 푸짐하게 잘 먹었다. 저녁에 또 다시 찾아와서 고맙다며 이번엔 말린 우럭 봉지를 넘겨준다. 마치 내가 인심을 쓰는 양 일행에게 나누어주었더니 네 개나 되는 새우상자를 들어다 주는 덕으로 반납을 한다. 고마운 마음에 노점상에서 식혜를 돌리니까 더부룩했던 배가 쑥 내려갔다며 좋아들 한다.

작은 것을 나눈 것뿐인데 당장 갚으려는 듯이 너도나도 연이어 앞을 다툰다. 호두과자를 사주고 칠갑산 구기자차도 마시게 하며 껌과 고급 사탕을 내어 놓기도 한다. 동네에 당도해서는 식사 대접을 하면서 칭찬까지 보태준다. 그러니까 되로 주고 섬으로 받은 셈이다.

아침에 떠날 때 아내가 밤 주머니를 내 손에 들려줄 때는, 그게 어떻게 해서 따온 건데 자기가 함부로 손을 대나며 아까워했다. 급경사인 밭둑을 기어 다니며 묘를 심고 거름을 주며 키워왔는데, 근래에는 관리가 부실해서 칡과 가시 덩굴이 나무를 온통 휘감아 버렸다.

드문드문 열려서 수확하는 일을 포기하다시피 했는데 아내가 안달을 하는 바람에 따 내렸지만 한 자루도 채 못 되었다. 아무에게도 주지 말고 둘이만 먹자며 단단히 다짐을 시켰건만 나눔 버릇이 또 도진 것이다.

자랑이라도 하듯이 밤 주머니를 흔들며 차에 올라, 어깨를 으쓱거리며 일일이 손바닥에 올려주었더니 다들 좋아했다. "아닥, 아닥" 깨무는 소리를 들으며 정담을 나누니 위로 솟아오르는 기분이었다.

어항에 도착하니 나의 바다 사나이 허세가 또 나타난다. 남들이 흉을 보는 줄도 모르면서 혼자서 몸을 꼿꼿이 세워 걸으며, 다부진 기합 소리와 절도 있는 구령, 그리고 신나는 군가를 불러대니 저마다 배꼽을 쥐고 웃는다. 가게마다 풍기는 비릿한 냄새와 아우성치듯 손님을 부르는 음성은 앞을 다툰다.

식사 후에 해변을 거닐면서 바다 위를 달려오는 바람과 파도를 삼키니, 내장에 쌓였던 추한 찌꺼기들이 한꺼번에 빠져나가는 듯 통쾌하다. 풍성한 해물들을 마음껏 먹고 가족에게 줄 선물도 샀으며, 착한 아줌마의 푸짐한 덤을 두 번씩이나 받는 행운까지 얻으니 흐뭇하다.

집에 도착하자마자 '후드득 후드득' 튀는 새우 박스를 치켜들고 서둘러 세 아이들 집으로 향한다.

"어! 왕새우네요."

"아! 살아 있어요. 펄펄 뛰네요."

즐거워하는 손주들을 보는 재미까지 누리게 되니 즐겁기만 하다.

비록 작은 것일지라도 함께 나누면, 더 큰 것을 돌려받을 수 있는 기쁨을 누릴 수 있다는 교훈(敎訓)까지 얻었으니, 오늘은 참으로 보람된 날이다.

만남의 기쁨

평소 남 앞에서 말 한마디 제대로 못할 정도인 아내가 한 손엔 음식 보따리를 들고, 다른 손으로는 교도관의 옷소매를 잡으며 통 사정한다.

"한 번만 봐주세요. 네? 모두가 즐거워하는 한가위인데 가엽지 않아요. 제발 잠깐 눈감아 주세요. 송편 몇 개에 부침개뿐이니 이거라도 들게 해 주세요."

아내와 나는 2007년부터 3년여 간 치료감호소(治療監護所)에서 지인(知人)과의 면회를 했다. 기도로 위로를 해주고 약간의 영치금(領置金)을 넣어주며 음식도 준비해서 대접을 하곤 했다. 만나러 갈 때마다 별 탈 없이 잘 통과했는데 기강이 강화되어 없는지, 절차가 까다로워져서 이토록 애를 태우고 있는 것이다.

몇 년 전에 동네 분이 목포에서 대전으로 이사를 왔는데 뜻밖의 사고로 감호소생활을 하는 불행을 겪게 되었다. 지혜롭고 인격이 훌륭해서 여러 사람들로부터 존경을 받아왔다. 동네일을 도맡아 어렵고 궂은일에 늘 앞장을 서는 훌륭한 사람이었는데, 꿈에도 생각하지 못한 불운이 닥쳐 온 것이다.

사업장을 만들어서 차츰 기반을 닦아 가는데, 경쟁 상대인 악덕업자의 사주를 받은 조폭(組暴)들이 하루가 멀다 하고 폭언과 폭행을 가하며 괴롭혔다. 나중에는 그 정도가 너무 심각하여 정신적 질병 증세가 나타날 정도였다. 그 와중에도 모범적인 사람답게 날마다 기도로써 소원을 하고, 목사님에게 심방(深房)을 부탁하는 등 여러 방도로 돌파구를 찾았으나 좀처럼 풀리질 않았다.

하루하루 더해가는 폭도(暴徒)들의 만행(蠻行) 때문에 정신 상태는 최고조로 나빠졌다. 계속되는 협박을 도저히 견뎌낼 수 없어서, 맞대응한다는 것이 그만, 그들의 주도면밀(周到綿密)하게 짜여진 덫에 폭행범으로 몰리고 말았다. 흉악하고 간교한 범법자들은 버젓이 거리를 활보하고, 거꾸로 폭행자로 몰려 고난을 겪게 된 것이다.

황당한 소식을 접한 사람들 몇몇이 가끔 위문을 했는데 아내의 성화에 우리는 수시로 찾아갔다. 이를 계기로 그곳에서 선교활동을 주관하던 목사님의 도움을 받아, 따로 병동을 맡아 다른 재소자들과 함께 예배를 드렸다. 그럴 때마다 환자들을 붙들고 함께 슬픔을 나누었다.

당시에 내가 특별히 구성한 선교팀이 대강당에서 펼쳤던 감동적인 장면은 지금도 잊을 수가 없다. 목사님의 설교를 경청하던 재소자들의 숙연한 태도는, 가히 현실을 뛰어 넘는 영혼(靈魂)의 대화(對話)와도 같았다.

커다란 공간을 꽉 메운 수인(囚人)들이 봉사 연주단의 반주에 따라, 소리 높여 찬양을 부르던 감격스런 장면은 지금도 기억이 생생하다. 한 자매가 오래 전부터 아무도 모르게 재소자들이 만든 빵을 구입해서, 어려운 사람들에게 제공해 주고 있다는 그곳 목사님의 귀띔은 우리에게 큰 힘을 더해주었다. 근 3년여 간 방문을 해오다가 우리 아파트 주민들과 그 역할을 이어받아서 본격적인 활동을 벌였다.

수년이 지난 지금도 수인들이 설교를 들으며 신음하는 것처럼 "아멘! 아멘!" 지르던 소리와, 밴드의 연주에 맞춰서 발을 쾅쾅 구르며 힘차게 부르던 찬양 소리가 내 귀를 때리는 듯하다.

그곳에서 고생을 하던 사람은 자유의 몸이 되어서 다시 전에 살던 곳으로 이사를 했는데도 여전히 친 형제처럼 지낸다. 상호간에 수시로 전화를 하고 방문을 하거나 간절한 기도로 사랑을 나눈다.

"우리가 보통 만남이 아닌 사람들이고 많이 아프다는데 가만히 있어요?"

아내는 눈코 뜰 사이가 없으면서도 바쁘다는 핑계로 가보지 않으면 되겠느냐며 재촉을 한다.

'잘 있거라. 나는 간다.' 노래를 들으며 목포행 열차를 타고 환고향(還故鄕)한 그 사람을 만나러 간다. 양가의 두 쌍 형제자매(兄弟姉妹)의 포옹은 뜨겁게도 달아오른다.

아! 만남의 기쁨은 바로 이런 것이로구나.

김시황의 즐거운 비명(悲鳴)

오는 토요일은 온 가족들이 모이는 날이다. 오래 만에 아이들을 만날 생각에 지금부터 기분이 들뜬다. 아내보고 맛있는 중국 요리, 아니면 피자나 치킨을 사주면 어떻겠느냐고 하다가, 묵은지에 돼지 갈비를 넣은 찌개가 더 좋겠다며 넌지시 떠 보았더니 즉시 대령이다.

저녁상이 무럭무럭 김을 피우며 군침을 돋운다.

'아니? 그냥 지나가는 말로 한마디 한 것뿐인데…….'

요즈음 나는 근 열흘 동안 감기를 앓으면서 심한 기침 때문에 잠을 못 이루고 고생을 한다. 모임에서 같은 병으로 인해 고생하는 선배에게 도라지 청이 좋다는 말을 들었다고 하니까, 말이 떨어지기가 무섭게 즉시 끓여서 잠자리 들기 전에 마시게 한다. 어제는 어디서 들었는지 무말랭이가 좋다고 해서 구해왔다며 먹여 주었는데 오늘 또 이런다.

아내는 나의 건강을 챙겨줄 때마다 승부사(勝負士)가 된 것처럼 온갖 정성을 쏟아 붓는다. 새벽에 눈을 뜨자마자 준비해 놓은 칡뿌리와 곰보배추를 섞어 짠 호박즙, 양파와 보리수즙을 섭취한다. 금산의 홍삼에 캐나다산 오메가 쓰리, 뉴질랜드산 초유와 등 푸른 생선유 등 헤아릴 수 없을 정도의 건강보조식품들을 먹고 마신다. 이렇듯 몸에 좋다는 말만 들으면 무슨 수를 써서라도 다 구해 주려 애를 쓴다.

전립선을 강화해 준다는 토마토주스를 갈아주고, 간에 좋다는 돌미나리, 돋나물, 당뇨에 특효라는 뚱딴지와 야콘, 그리고 뽕잎을 비롯한 제철 채소와 과일들을 먹이려고 정성을 다 기울인다.

식사 때마다 상에는 되도록 토속 음식만을 고집하는 아내다. 고맙고도 염치가 없어서 가짓수를 줄이라고 해도 아랑곳 하질 않는다. 복에 겨운 나머지 단 것, 짠 것은 안 되고 각종 섬유질을 함유한 반찬을 주문하는 나는, 도대체 염치(廉恥)라는 단어는 어디에 떼어 두었는지 알다가도 모를 일이다.

몸이 편하질 않아서 징징거릴 때마다 눈을 흘기며 세상에 좋은 것은 다 해 주어도, 왜 그리 자주 아프냐고 힘을 좀 내라며 어린 아이 다루듯이 사정을 한다.

"제발 아프지 말고 힘 좀 내세요. 아마 진시황도 당신 같이는 못 먹었을 거예요."

애처롭게 보여지는 아내가 간절하게 원하는 것을 생각해서라도 더 이상 끙끙거리지 말고 굳세게 일어서야 하겠다.

50대는 공부 잘하는 자식을 두면, 60대는 병이 없어 건강하기만 하면, 70대는 아직도 본처가 밥상을 차려 주면, 성공한 인생이라는 이야기가 있다.

황혼의 나이에 나 같이 호강하는 놈 있으면 나와 봐라! 내 아내처럼 남편을 위하는 여자 있으면 어디 얼굴 좀 보자!

김시황아! 아내가 네 옆에 있는 한, 너의 즐거운 비명(悲鳴)은 이어지리라.

'잡놈'들의 콘서트

문학기행 때문에 새벽부터 법석을 떨다가 나서려는데, 옷매무새를 다듬어 주더니 등 뒤에 대고 뜬금없이 추켜세운다.

"당신은 참으로 별난 사람이오. 정년퇴임을 하는 즉시 대학 강단에 서는 행운을 잡았고, 여러 곳을 돌면서 명강사 소리를 들으니 얼마나 좋아요. 늦게 배운 아코디언으로 봉사를 하고 중앙문단에 등단을 하여 수필집을 4권이나 발간했는데 이렇게 여행까지 즐기니 얼마나 신나요."

갑자기 웬 칭찬을? 혼자만 다니니까 부러워서 저러는 건지, 아니면 자기가 좋아하는 갈치를 사오라고 은근히 부추기는지 알 수가 없다.

가을의 참맛을 마음껏 누릴 수 있는 화창한 날씨에 품위 있게 단장한 대전문학회 회원들의 표정이 모두들 밝다. 잠시 자리가 정돈되자 관광버스무대(?)에서 공연이 벌어지는데 사전에 어떻게 알아챘는지 운전기사까지 분위기에 맞춰서 연예인 차림으로 멋지게 차려 입었다.

가슴을 뜨겁게 하는 자작시들을 훌륭한 솜씨로 낭송하는데, 들려오는 시어(詩語)들을 배경으로 잔잔하게 흐르는 음악은 스르르 눈을 감게 한다.

'내 고향 남쪽바다 그 파란 물을~ 눈에 보이네…….'

회장이 인사 첫머리에 우리들 손으로 만든 대전문학이, 엊그제 한국문인협회 세미나에서 당당히 전국 최우수상을 받았다는 소식을 전하니 발을 구르며 환호성을 울린다. 중원(中原)의 도시(都市)에 걸맞는 문학관 건립 등, 문학발전을 위해서 대폭적인 예산 확보하고, 주요 시설에 작품전시하는 등 야심찬 계획들이 쏟아져 나오니 박수가 터져 나온다.

열정적으로 인사를 마치더니 갑자기 말투가 바뀐다. '1등 잡놈'에게 사회를 부탁한다며 자신도 그 부류에 속한다는 농(弄)을 한다. 지목된 사람은 빼앗아 가듯 마이크를 잡더니 익살스럽게 자기 소개를 하는데, 장난기가 뚝뚝 묻어나는 듯한 말솜씨는 보통을 넘는다.

순서에 따라 건장한 체격에 검은 선그라스를 낀 미남이 멋들어지게 남도창을 부르는가 싶더니, 곱게 나이든 큰누나가 '목포의 눈물'을 쏟아내는데, 당대에 이 노래를 부른 명가수 이난영은 저리 가란다.

'잡놈 2위'로 사회가 바뀌면서 자신의 '투병생활기(鬪病生活記)'와 '감식초 예찬론'은 귀를 솔깃하게 한다. 잠시 휴게소를 거치는데 마이크는 '잡놈 3위'로 넘어가고 익살스런 유머와 구수한 재담은 한 단계 업그레이드된다.

어느덧 '동양의 나폴리'라 불리어진다는 통영의 잔잔한 앞바다가 보이면서 펄럭이는 갈매기들은 우리를 반긴다. 군에 입대하여 3년 동안 바다 속을 넘나든 터인지라 소리만 들어도 가슴이 벌렁거린다. 양팔을 벌리고 수평선을 향해 버럭 소리를 지른다.

"야! 바다다, 바다. 야!, 신난다, 신나!"

금강산(金剛山)도 식후경(食後景)이라고 했는데 한적한 곳에 위치한 식당은 정담을 나누기에 안성맞춤이다. 뜨끈한 해물 해장국과 새뜻한 전어회는 감칠맛이 난다. 차차 분위기가 무르익어 남녀노소를 불문하고 잘 어우러지는 것을 보니 한 묶음으로 끈끈하게 조여지는 느낌이다.

오늘의 하이라이트인 유치환, 김춘수, 박경리 문학 기념관을 차례로 방문하는 동안, 게시된 작품과 진열한 유품들을 앞에 서서 깊은 사색에 잠긴다. 유치환의 '행복(幸福)'이란 시를 필두로 다양하게 노래한 작품들은 눈길을 사로잡는다.

'꽃을 위한 서시' '꽃, 순수한 거짓' 등을 노래한 꽃의 시인 김춘수의 작품 앞에선 그 분 마음을 닮고 싶어서인지 떠날 줄 모른다. 박경리의 대표작 '토지(土地)'를 상징한 그림을 대하니, 애틋한 자연 사랑에 존경스런 마음이 든다.

드라이브의 즐거움을 만끽하며 해변을 달리는데 부드럽게 부르는 바다의 교향곡(交響曲)은, 잔잔한 파도 위를 새파랗게 굴러간다. 주말이라 차량이 너무 많이 밀리니 어시장 구경은 생략하자던 운전기사는, 먹거리를 구입하려는 아낙들의 성화에 끝내 굴복하고 만다.

시장을 보러간 사이에 머슴애들은 해변에 털썩 주저앉아서 목운동을 시작한다. 안주는 노가리뿐인데도 잔을 주거니 받거니 하면서 고개를 연방 하늘로 젖혔다 바다로 내리곤 한다. 앞으로 집필할 작품의 소재(素材)까지 술잔에 담아서 마시려는 듯이…….

날이 저물어지자 서둘러 대전으로 향한다. 출발하자마자 사회를 보려는 쟁탈전은 다시 시작된다.

'잡놈 4호'가 회심가를 부르니까, "으읏!, 엇! 을싸!" 예서제서 추임새를 넣는다. 시낭송의 대가이자 요양원 원장은 치매와 중풍 예방법을 설명한 후에, 그런 환자에 따른 보호자의 대처 요령을 알려주고 나서는 수준 높게 낭송을 한다.

물리치료사로 일한다는 작가도 뛰쳐나와서 스스로 '잡놈 5호'이라며 건강 도움말을 전한다. '목마름'이란 가슴 절절한 시를 낭송한 후에는 유행가와 가곡을 번갈아 부르는데 보통 솜씨가 아닌 듯하다.

시간은 각일각 과거로만 달려가는데 잡놈들의 콘서트는 그칠 줄을 모른다. 직접 재배한 국화로 길거리에서 장사를 했다는 청년이 노점상 시절의 애환(哀歡)들을 털어놓은 후에, '흙에 살리라'라는 가요를 부르니까 분위기가 자못 숙연해진다.

올해로 100세가 된 대전을 세계적인 도시로 조성하는 사업에 동참하자는 작가에게도 박수로 성원을 한다. 키 큰 시인은 말씨가 조금 느린 듯하지만 자기경험을 진솔하게 털어놓는다. 굵직한 저음으로 부르는 '해변의 여인'은 이루지 못한 첫사랑을 회상이나 하려는 듯 쓸쓸한 파도 속을 헤집고 들어간다.

드디어 대망의 '잡놈 9호'의 역사 강의(?)가 펼쳐지는데, 보통 약장수의 수준을 훨씬 뛰어 넘는다. 역사(歷史)가 아니라 역사(力士)라면서 프로 개그맨처럼 익살을 떤다.

"이놈 독사들로 말할 것 같으면 지리산의 약초와 청정 약수를 먹고 자라서 만병통치에 가까운 효험을 발휘합니다. 한 마리를 잡수시면 벌떡 일어나고 두 마리면 온 몸이 울뚝불뚝하며 세 마리면 도저히 견뎌내지 못합니다.……"

진한 음담(淫談)으로 이어가는 너스레는 멎을 줄을 모르는데 관객들은 파안대소(破顔大笑)를 하며 배를 움켜잡는다. 정작 당사자는 정색을 하고 시치미를 떼며 엉뚱한 곳을 바라보는 것을 보니 배꼽은 이미 빠졌을 성싶다.

나는 남들처럼 별로 아는 것도 없고 갖춘 재주도 없어서 걱정을 하던 차에 차례가 돌아와서, 아내와 각방을 쓰게 된 경위와 어렵사리 합방에 성공했다는 썰렁한 이야기로 위기를 모면하였다.

출발할 당시부터 계속해서 '잡놈' 타령을 해서 의아해 했는데, 등장한 열 명 모두가 지혜롭고 재치가 있으며, 유머러스하면서도 예술성(藝術性)이 풍부한 면을 보여주어, 본래 '잡놈'의 의미와는 전혀 색다른 느낌을 받았다.

나도 예술가다운 실력을 많이 쌓아서 '잡놈'축에 끼어 보았으면 좋겠다는 욕심을 부려 본다. 아침에 아내가 추어주던 일들을 더욱 열심히 하다 보면, 나도 '잡놈 11호'가 될 수 있지 않을까?

오늘의 '잡놈들의 콘서트'는 매우 재미있고도 참으로 멋졌다.

행복 나눔

인간은 행복을 추구하고 그것을 누리기 위해 저마다 많은 노력을 기울인다. 사람은 원래 이를 누릴 수 있는 권리를 가지고 태어났기 때문에, 스스로 찾아가려는 신념을 가지고 노력한다면 성취할 수 있게 된다고 한다.

반면에 생명이 잉태될 때부터 불행이 정해져서 아무리 애를 써도 소용이 없다며, 인생 자체가 고통일 뿐이라고도 하는 사람도 있다. 인생여정에서 험난한 고난에 부딪쳐 전전긍긍하다 보면 어려움만 가중

될 뿐이다. 어차피 정해진 시간은 그것과 같이 지내야 한다는 긍정적 자세로 받아들이면 상황이 바뀔 수도 있는 것이다.

대부분 사람들은 행복을 누리기 위해 일정한 목표를 정해 놓고 열심히 노력을 기울인다. 문제는 어떤 것에 기준을 두고 무슨 방법으로 하느냐에 따라 그 결과가 달라진다는 사실이다.

하찮은 일일지라도 올바른 가치(價値)를 향하여 꾸준히 이어나가면 좋은 일들을 맞게 되지만, 진정한 행복이 무엇인지도 모르고 발걸음을 게을리 하거나 성급하게 군다면 송두리째 잃을 수도 있다. 해에 가려진 별은 밤이 되어야만 비로소 빛을 발하게 된다는 사실처럼, 도중에 어떠한 역경에 처할지라도 때를 기다리면 좋은 일이 생길 수 있다는 믿음으로 나아가야 한다.

나는 수년 전부터 '행복 나눔' 이란 주제로 강단에 서 왔다. 어려운 처지에 있는 사람들을 배려하고 돌보아 주자며 권유를 하고, 이를 위해 선행되어야 할 것은 자신을 사랑하는 것이라며 강조한다. 몸과 마음 그리고 영혼을 사랑할 수 있어야, 이를 바탕으로 나눔을 실천할 수 있기 때문이다.

무엇보다도 자신의 육체(肉體)를 사랑해야 한다. 병균을 퇴치할 백혈구와 영양소를 담은 혈액, 이를 공급해 주는 심장, 수시로 변동되는 상황에 대처하도록 명령하는 대뇌, 운동을 주도하는 수백 개의 뼈와 근육들의 인체 구조는 참으로 놀랍기만 하다. 이토록 신비롭고 소중한데 자기 혼자만의 것인 양 함부로 대하다가 건강을 해치게 되면 아무 것도 할 수 없게 된다.

마음도 잘 다스려야 한다. 자신이 어떤 생각을 가졌는가를 잘 파악하고, 스스로를 높이면 교만해지고 그렇다고 낮추면 비굴해짐을 유념해야 한다. 매일같이 넘나드는 크고 작은 고통과 상처, 그리고 외로움을 슬기롭게 견뎌내는 일에 힘써야 한다.

나는 누구이며, 어디서 와서 어디에 있다가, 어디로 가야 하는지를 깊이 생각하고, 생의 마지막 과정에서 넘게 되는 어떠한 고비도 잘 감내하도록 해야 한다. 죽음에 대해 깊이 생각해야 인생도 깊어지고, 아무런 준비 없이 갑자기 당하는 것은 느닷없이 피살당하는 것과 마찬가지라고 한다. 곧 나의 영혼(靈魂)을 사랑하라는 의미이다.

자신을 먼저 사랑으로 다듬은 바탕위에서 '이웃을 내 몸같이 사랑하라.'는 말씀에 순종한다면 진정한 행복을 얻을 수 있을 것이다. 나누어 줄줄은 모르고 자신이 받으려고만 한다면 죄를 짓게 되며 결국 사망에 이르게 된다. 이웃들이 좋아하는 것이 무엇인지를 잘 살펴서 사랑하는 마음으로 나누어 주어야 한다. 처음부터 큰일을 하려고 서두르지 말고 작은 일부터 차근차근 쌓아 가면 남들을 복되게 해 줄 수 있다.

어떤 사람이 새벽기도를 마치고 공중화장실 옆을 지나가는데

"쾅 쾅"하는 소리가 들렸다. 궁금한 생각에 가까이 가 보니 사람들이 넘어질까 염려되어, 바닥의 얼음을 깨고 있었는데 바로 도산 안창호 선생이었다고 한다. 어쩌면 별스럽지 않다고 여길 수 있지만 결코 아무나 할 수 있는 일이 아니다. 내게 귀한 생명을 준 대상을 생각하며 묵묵히 실천하는, 이 분의 자세를 본받는다면 최상(最上)의 행복(幸福)을 누릴 수 있게 될 것이다.

내 주위에도 여러 가지 방법으로 나누는 일에 참여하는 이들이 많다. 공원과 지하철역에서 봉사하는 경로당 노인어른들이 존경스럽다. 교우(敎友)들은 물론이고 일가친척을 비롯하여 친지들도 열심이다.

칠십에 가까운 나이에도 거금을 들여서 공간을 마련하여 어르신프로그램을 운영하고, 지역 봉사단체와 유림회에서 지도자로서 헌신적으로 활동하며, 목회활동을 하면서도 복지관을 운영하여 약자들을 섬기는 동생들이 자랑스럽다. 교화 사역과 봉사활동으로 동분서주하는 처가 식구들과 고아원과 요양원을 방문하는 친구들도 고맙다. 국내는 물론 해외 각국에서 훌륭한 일들을 지속적으로 전개함으로써 언론에 자주 등장하는 사람들이 수없이 많다.

나는 이제껏 무엇을 하며 살아왔는지 돌아보니 후회스럽기만 하다. 입술로만이 아니라 가슴과 발로 뛰면서 소리 없이 실행해야겠다. 아내와 함께 장애우와 오지교회 할머니들을 돕고, 섬마을 보육원 선교에도 참여하고 싶다. 강단에 서서 여러 사람들에게 사회적 약자를 돕자고 권유하고, 불우시설 위문 연주도 하며, 이 곳 저 곳에서 벌이는'행복 나눔'이야기들을 글로 소개하는 일로 여생을 보내고 싶다.

'나이가 들수록 베푸는 일과 나누는 것에 인색하지 않도록 힘써야 한다.'라는 말이 새롭게 느껴진다.

'행복 나눔' 참 좋은 말이다.

제 4 장

알콩달콩 보듬다 보면

부부는 가깝고도 멀게 느낄 수 있지만,

알콩달콩 지내며 보듬다보면 더 높고 깊은 사랑을 만들어 갈 수 있게 된다.

각방(各房)과 합방(合房) 사이

인터넷을 뒤지다 보니 이런 유머가 떴다.

'20대는 껴안고 자고, 30대는 마주보고 자며, 40대는 떨어져서 자고, 50대는 등 돌리고 자며, 60대는 각방 쓰고, 70대는 딴 집에 살고, 80대에는 황혼이혼을 한다.'

묘한 말도 잘 만들어 내서 많이도 뿌려댄다.

아내가 뿔이 났는지 갑자기 한밤중에 다른 이불을 꺼내서 베개까지 껴안고 밖으로 나간다. 재채기와 기침이 자주 나서 옮을까봐 조금 떨어져서 자자고 했더니 그러나 보다. 하는 행동으로 봐서는 충동적으로 그러는 것 같질 않고 오랫동안 벼른 듯하다.

가끔 지나가는 말로 다른 노인들은 대부분 각방을 쓴다고 하더니 그러고 싶어서 저러나, 아니면 정말 내가 그렇게 싫어서인가하고 서운한 마음이 든다. 살그머니 서재를 들여다보니 조그마한 침대에서 이불을 푹 쓰고 있다.

혼자서 자리에 들려니 잠이 오질 않는다. 불을 켜고 책을 읽어도 딴 곳을 헤매게 되고 라디오 방송을 들어도 아무 소용이 없다. 그저 한마디 한 것을 가지고 왜 저러는지 모르겠다는 생각에 은근히 화가 치민다. 침대를 오르내리며 여러 번 방을 드나들어 봐도 분(憤)이 가시질 않는다.

착잡한 마음으로 눈을 감고 지난날들을 아무리 뒤져봐도, 결혼한 후로 특별한 경우를 제외하곤 따로 잔 기억이 거의 없다. 사정을 해서 데려 올까 생각도 해 보지만, 자존심이 허락을 않고 거절당할까봐 걱정도 된다. 평소에 온순하다가도 한 번 화가 났다 하면 당할 도리가 없다는 것을 익히 알고 있는 터라, 하는 수 없이 벌렁 누워서 천정만 바라보며 중얼거린다.

"이 나이에 각방(各房)을 쓰다니, 자기 건강을 생각해 주느라고 한 말일 뿐인데 해도 너무 한다."

설마 했는데 그 이튿날도 또 다음 날도 마찬가지인데, 아내가 없는 방은 역시 허전하다. 거실에 나가서 서성거려 보아도 신통칠 않고 자리에 누워보아도 이상한 느낌만 들어 안정이 안 된다. 호시탐탐(虎視耽耽) 기회를 노리다가 잠깐 나간 틈을 타서 몰래 들어가 그 자리에 누워본다. 자리가 낯설고 등과 허리도 배겨서 도저히 잠을 잘 수가 없지만 아내의 따스한 체온만은 아직 남아있다.

때마침 들어오더니 막무가내로 내쫓아서 도루 내방으로 옮긴다. 밤을 새우다시피 하니 온종일 머리가 띵하고 매사에 의욕이 떨어지는 것 같다. 따로 방을 쓰는 일이 이렇게 힘든 일인가. 괜한 말을 해서 벌(罰)(?)을 서고 있게 된 것이 안타깝다.

무슨 일이든 시간이 지나면 적응이 된다더니 조금은 나아지는 것 같고 그런대로 견딜만하다.

'에라 모르겠다. 그래 누가 이기나 한 번 해 보자. 나도 성질이 있는 남자다. 해 볼 테면 해보라지.'

냉전을 계속하다가 일요일이 되어서야 함께 교회를 가게 되었다. 혹시나 하는 기대로 슬쩍 말을 걸어 봐도 대꾸를 하지 않는다.

궁(窮)하면 통(通)한다고 했던가. 그날따라 부부생활에 대한 실감나는 설교를 듣고 나니 문제해결의 실마리가 풀릴 것 같은 감이 온다.

"부부는 일심동체(一心同體)라 한다. 아무리 작은 일이라도 서로 숨기는 일이 있어서는 안 된다. 바늘 가는데 실 가듯이 늘 같이 있고 함께 행동을 해야 한다. 출타를 할 때면 행선지를 꼭 밝히고 되도록이면 외박을 금하며, 각방을 쓰는 일은 절대로 해서는 안 된다. 노인이라고 마음을 놓고 그렇게 하면 황혼이혼을 하게 되는 단초가 된다."

이어지는 목사님 말씀이 마음에 와 닿는다. 아내의 표정을 곁눈질로 훔쳐보다가, 눈이 마주치게 되어서 살짝 웃어주었더니 따라서 피식한다.

이제는 됐다. 목사님 말씀이라면 무조건 믿는 사람이니까 이젠 성난 뿔도 구부러질 테지. 조금 전에는 웃었지 않는가.

어디 이 나이에 황혼이혼(黃昏離婚)? 가당치도 않은 소리지. 그렇게 되면 밥은 어떻게 먹고 빨래와 청소는 누가 한단 말인가. 혼자 자는 것이 단 하루도 어렵던데 밤마다 그러면 얼마나 쓸쓸하고 외로울까. 아무래도 안 되겠으니 일찌감치 꼬리를 내려야 하겠다. 안도의 숨을 내쉬며 합방의 길을 모색해 본다.

살짝 이부자리를 한방에 처넣고 시침을 떼었는데도 반응이 없다.

'얼씨구나! 쳐들어간다.'

아무래도 추워서 안 되겠다며 한 이불 속으로 들어가니까 눈을 흘기는가 싶더니 돌아눕는다. 혼자서 속말로 지껄여 본다.

'이젠 됐다. 일단 오케이로구나. 야! 이렇게 마음이 편하고 좋은 걸 괜히 건드려 가지고 큰일 날 뻔했네.'

다음날 아침, 항상 하던 것처럼 기도를 마치고 귀가하는 아내를 향하여 "굿모닝!" 하니까 작은 소리로 응답을 한다.

"목사님! 하나님! 감사합니다. 이제 무슨 일이 있어도 떨어져 사는 일은 없을 겁니다."

중얼거리고 있는데 어떻게 들었는지,

"나도요."

하며 히죽이 웃는다. 한 번 헤어졌다가 다시 돌아오는 길이 이토록 먼 거리인 줄은 미처 몰랐다.

하나님께서 우리 내외를 이토록 사랑하고 계심을 새롭게 느낄 수 있는 각방(各房)이고 합방(合房)이었다.

건강염려증(健康念慮症)

"아무래도 잠 오는 약을 먹고 자야 하겠어. 3월에 친구들이 필리핀 여행을 가자고 하는데 못 가겠는 걸"

되로 준 것이 말로 되돌아온다.

"당신은 그게 문제예요. 무어가 그리 걱정이에요. 여러 가지 검사한 것들 모두 잘 나왔잖아요. 얼마나 좋아요. 혈당도, 코레스트롤 수치도, 전립선과 췌장도 모두 양호하다고 하잖아요. 오히려 감사해야 하지요. 뇌졸중으로 한쪽을 못 쓰는 사람들을 생각해

봐요. 젊은 교우는 휠체어를 타고 다니면서도 얼굴이 밝지 않아요. 당신도 이제 살만큼 살았는데 그렇게 겁이 나요. 이 세상에서 고통을 당하는 것보다 저 세상에 가면 더 좋다던데……."

의사로부터 수술을 해야 한다는 말을 들은 후에는 제대로 잠을 자지 못하는 나를 보고, 농담 반 꾸중 반으로 달래보려고 애를 쓴다. 걱정과 안타까워하는 마음이 시시각각으로 불어나는 눈치다.

나는 몸이 조금만 이상해도 마음이 쓰여 즉시 병원으로 달려가야만 하는 성격이다. 작은 실수를 하거나 사소한 말다툼을 해도 그렇고, 어떤 문제에 당면하면 해결될 때까지 불안하여 어쩔 줄을 모른다.

지난 해 1월 31일부터 아프기 시작한 이후로는 간혹 잠을 못 이루는 경우가 있었는데 다시 그런 상황이 온 것이다. 이런 나를 바라보며 안쓰러워하고 괴로워하는 눈치여서, 내색을 하지 말아야 한다고 다짐을 하면서도 반복해서 다시 투덜거리니 병도 크게 걸린 듯하다. 건강염려증은 에이즈보다 나쁘고 암 덩어리보다도 더 해롭다고 했는데…….

질병과 죽음은 모든 만물의 영원한 숙제다. 누구에게나 언제나 나타날 수 있고 죽은 후에야 비로소 걱정이 없어진다. 그러함에도 근심은 그치지 않고 그럴수록 병은 더 깊어지게 마련이며, 문명이 발달하고 건강에 대한 관심이 증가할수록 환자는 늘어난다.

의술이 급진적으로 발전하는데도 새로운 병은 날로 등장하고 고치지 못하는 아픈 사람은 꾸준히 증가한다. 수시로 세포가 생겨나고 없어지며 또 나타나며, 그들이 변화무쌍하게 번져 가는데 어떻게 항상 건강할 수 있겠는가. 그러니까 병과 함께 사는 것이 인생이라 할 수 있다.

관절을 걱정하면 그 병에 걸릴 확률이 높아진다. 암(癌) 인자(因子)는 누구나 가지고 있어서, 겉으로 보이지 않다가도 조건이 맞으면 나타난다고 한다. 흡연자는 폐암 걱정을 하고 애주가는 간경화 염려로 노심초사(勞心焦思) 하다보면, 실제로 병에 걸릴 확률이 높다고 할 수 있다. 그러니까 스스로 병을 만든다고 할 수 있다. 누구든지 그 시기가 오면 죽게 마련이어서 순응해야 하는데 이에 대항하려 하면 도리어 고통만 심해질 뿐이다.

이렇게 말하는 나도 실은 몸에 좋다는 짓은 다하려 든다. 그렇게 애를 쓰고 힘을 들여도 질병이 도둑처럼 찾아오는 데는 방법이 없다. 옛날부터 고관대작들은 건강을 위하여 무엇인들 먹지 않았겠는가. 아무리 용을 썼어도 그리 오래 살지는 못했다. 병을 앓게 되는 것은 무엇보다도 마음가짐이 큰 역할을 한다는 것은 주지의 사실이다. 기도를 열심히 하면 정신력이 살아나서 육체도 편안해질 수 있는 법이다.

'백세시대(百歲時代)를 대비하자' 고 야단들이다. 물론 그렇게 사는 것이 어떤 면에서는 의미가 있다고 볼 수 있다. 그러나 가령 90을 넘어 산다고 치자. 과연 행복할 수 있을까. 친구를 비롯한 주위 사람들은 대부분 없어지고 자식들에게 짐만 되지 않는가. 오래 살수록 요양병원에 고려장(高麗葬)되어 외롭게 사는 시간만 늘어날 뿐이다. 병에 걸리면 아파야 하고 죽을 때가 오면 그대로 떠나야 한다.

그렇게 말하다가도 조그마한 걱정거리가 생겨도 금방 우울해지고, 죽음을 생각하자면 혼자서 캄캄한 밤길을 걷는 것처럼 두렵기만 하다. 작은 병만 걸려도 당장 어떻게 되는 양 안절부절 못하니 이런 나는 필경 건강염려증 환자임에 틀림없다.

병은 어쩌면 자연현상이다. 풀도 나무도 토끼도 사자도 모두가 살다보면 질병에 걸려 고통스러워하다가 결국은 죽어지지 않는가. 그럼에도 어찌하여 오래 살기를 바라는지 모르겠다. 헛되이 애를 쓰지 말고 그저 사는 대로 살다가 하나님이 부르시면 그냥 가면 될 일이다. 쓸데없이 미리 걱정하는 것은 천치 바보나 하는 짓이다.

우리에게는 이 세상 보다 더 좋은 곳, 빛과 사랑이 넘치는 곳이 예비(豫備)되어 있다는 아내의 말에는 확실히 의미가 있다.

복(福)을 탄 사람

친구로부터 전화가 왔다. 여행을 다녀 온 후 얼마나 피곤하냐고 안부를 묻더니 아내를 바꿔달란다. 아니, 나하고 이야기 했으면 됐지 무슨 할 말이 있는가 하는 의아심이 들고, 별 걱정을 다 한다는 생각도 든다. 듣고 보니 여정 중에 다른 사람들을 배려하고 잘 협조해 주었는데 공항에서 헤어질 때 인사를 못해서 그러는 거란다.

이 친구와는 북유럽, 러시아, 미주, 중국 등 많이도 다녔다. 번번이 저렴하게 여행계획을 짜고 이것저것들을 모두 챙기느라고 힘들었을 텐데, 그런 것까지 신경을 써 주는 것이 고맙다.

휴대폰에서 얼마 전에 다녀 온 중국 하이난 성의 사진들을 뒤져 본다. 열대천국의 청룡조각상에서 아내와 둘이서 찍은 사진은 그럴 듯하다. 산위의 성당과 별장들은 절경과 잘 어울린다. 원숭이 섬에서 찍은 모습들은 볼수록 재미있다. 캥거루처럼 새끼를 껴안고 나무 위를 오르는 녀석, 쇼를 주관하는 사람의 귀빰을 때리는 놈, 사람들을 해쳐서 '구류소(拘留所)'라는 간판이 달린 곳에 갇힌 원숭이들, 그들에게 매겨진 죄목을 적어서 걸어 놓은 팻말 등 모두가 우스꽝스럽다.

아내를 찍은 사진도 많다. 야자수 밑에서, 해수욕장에서, 재래시장과 문화거리에서, 그리고 아름다운 야경과 함께 등 다양한 모양이다. 내가 찍은 것들이지만 어느새 이렇게 여러 가지를 챙겼는가 싶다. 가만히 들여다보니 그럴 때만 촬영을 해서인지 아내는 여러 여자들의 중앙에 위치한 경우가 많다.

'나서기를 꺼려하는 편이라 일부러 가운데를 차지할 리가 없고 인기가 좋아서 그럴 리도 없는데…….'

생각을 하자니, 친구 부인이 하던 말이 생각난다.

"선생님은 참 좋으시겠어요. 사모님이 젊어 보이고 마음씨도 고우며 조용한 성격이니까요. 그래서 사람들이 모두 좋아해요."

칭찬은 허기진 배도 채워 준다더니 은근히 기분이 좋아져, 오버하는 습성이 또 나타나서 으쓱해지는 마음에 중얼거려본다.

"그건 그렇지. 아직 흰 머리칼도 별로 안 보이고 피부도 고운 편이니까. 원래 수다를 떠는 것을 싫어하고 허튼 행동은 여간해서 안 하려 하고……."

귀국하는 길, 비행기의 차창을 내려다보며 무언가 골똘히 생각하고 있는 모습이 보기에 좋아서, 옆구리를 살짝 찔러보았더니 바라보는 눈길이 따듯하다.

"내가 사람 하나는 잘 만났지……."

아내를 추어주어서 기분이 좋아진 김에 친구들에게 한턱 쏘아보려고 마음을 먹는다. 여정(旅程)을 같이한 다섯 쌍이 모여서 정겹게 식사를 하며 담소를 나눌 정겨운 모습들이 다가온다. 여행 중 재미있었던 이야기꽃을 피우는 한 가운데서 환하게 웃고 있을 아내 모습이 떠오른다. 고마운 생각에 밥 짓는 일에 열중하고 있는 등 뒤에서 꼭 안아 주며 속삭인다.

"역시 나는 마누라 복이 많은 놈이야."

빙긋이 웃으며 바라보는 아내의 눈길이 오늘 따라 더없이 정겹다.

나처럼 아내 복(福)을 많이 탄 사람이 그리 흔치 않다고 느껴지는 것은 과연 내가 풀불출이기 때문인가.

우리 둘의 기쁜 날

아내의 건강검진 결과를 알아보러 가는 날이다. 주차를 인도하는 젊은이의 손짓이 오늘따라 더 빨라진 느낌이다. 자리가 마땅칠 않아서 빙빙 돌다가 간신히 자리를 잡았다. 검진병동으로 올라가는 승강기에 올라서 걱정스러워 할 얼굴을 바라보니 오히려 덤덤한 표정이다. 별 문제가 없었으면 좋겠다는 생각을 할수록 더욱 가슴이 죄어온다.

가끔 소화가 잘 안 된다고 해서 은근히 겁이 난다.

혈압도 높고 중성지방이 많은 편이다. 몇 달 전에는 밤중에 갑자기 머리가 아프다고 해서 화들짝 놀라 구급차를 불러 응급실에 가기도 했다.

건강검진을 한 다음부터 한동안 안절부절 못하며 조바심을 했다. '만약 어디가 나쁘다고 하면 어쩌지? 그러면 나는 어떻게 되나. 내 병간호는 누가 해주나. 여러 가지 벌여 놓은 일 또한 어찌해야 좋단 말인가.' 장본인(張本人)보다 내 걱정이 태산이다.

겉으론 아무렇지도 않은 척하지만 속으로는 나보다 훨씬 더 염려를 할 것 같아서 넌지시 속을 떠본다. 하나님을 섬기는 일에 누구보다도 열심이니, 결과가 좋게 나타날 거라고 위로를 했더니 미소를 짓는다.

"내가 죽으면 당신 밥 먹을 걱정, 옷 입을 걱정 때문에 그러는 거죠?"

말을 듣는 순간 가슴이 철렁한다. 한편 내 마음을 훤히 들여다보는 것 같아서 겸연쩍다. 접수를 하고 기다리는데 온갖 걱정이 폭풍우처럼 몰려온다.

문을 열고 들어서니 젊은 의사가 웃으며 맞는다. 컴퓨터 영상을 들여다보면서 상냥스런 말씨로 줄줄이 이어 간다.

"예, 위장(胃腸)과 간(肝)수치가 괜찮고 혈압과 당뇨도 정상이며 골다공증도 염려 없습니다……."

"저 뇌혈관과 심장은요?"

참지 못하는 내가 또 달려든다.

"예, MRI 촬영 결과 뇌혈관은 양호하고, 심장도 좋습니다."

신이 나서 펄펄 뛰고 싶은 마음에 두 손을 잡고 감사하다는 말만 되풀이 하는데, 아내는 무표정한 얼굴로 담담하기만 하다. 약간의 물혹이 있으나 별 문제가 아니니 잘 관리하란다. 나는 문을 닫고 나와서 천정을 바라보며 "감사합니다."를 연속 외쳐댄다.

아내는 집에 돌아오자마자 팔을 걷어 부치고 주방으로 간다. 어쩔까봐 몸이 달았는데 또 이렇게 몸을 혹사하느냐고 막아도 소용이 없다. 왜 그렇게 고집이 세냐. 의사가 좋지 않은 부분이 있다고 했는데도 어쩌면 그렇게 태연스러우냐는 물음에 의연한 자세로 응답을 한다.

죽음은 누구에게나 있는 일이며 생로병사(生老病死)를 인간의 힘으로 어찌할 수 없다면서, 만약 자기를 먼저 보내게 되면 한 번만 실컷 울어주고 그냥 잘 떠나도록 해 달란다. 없어지고 난 자기를 생각하지 말고 남아있는 사람과 잘 지내며 마음껏 사랑하라고도 당부한다. 그저 하는 말로 들리지만 한편 생각하면 의미심장하게 들려 자꾸만 서글퍼진다.

걸핏하면 조바심하고 서두르는 나에게 하는 것이 잔소리가 아니고 쓴 소리임을 새롭게 깨닫게 된다.

아내의 건강이 그리 큰 문제가 없고, 죽음에 대하여 새로운 시각(時刻)을 접하게 되었으니, 오늘은 우리 둘의 기쁜 날인 듯싶다.

독수공방(獨守空房)

쓸쓸하다. 적적하다. 허전하다. 두렵다. 글을 쓰려 해도 그렇고 책을 보려 해도 내키질 않는다. 빈자리가 이렇게 클 줄이야. 막내가 제 엄마와 함께 아이들을 데리고 와서 잔다고 하는 것을 만류했는데, 그냥 놔 둘 걸 괜한 짓을 한 것 같다. 전화를 해서 불러들일까, 아니지 날씨가 몹시 추운데 갓난아기가 감기라도 걸리면 안 되지.

벌떡 일어나 텔레비전을 다시 켠다. 평소에 채널을 고정시키다시피 하던 정치 프로그램도 싫고, 개그콘

서트도 별로이며 연속극 또한 마찬가지다. 인터넷을 뒤지고 자리에 누워서 신문을 들여다보아도 별 재미가 없다.

막내 사위가 제주도로 출장을 가는 바람에, 딸 혼자서 아이들 둘만 데리고 자기가 적적하다 해서, 아내는 그곳에서 함께 자기로 했다. 첫날도 힘들었는데 오늘은 더하다. 초저녁부터 몇 번을 내다보았는데 커튼을 닫아도 아내가 있는 쪽을 바라보게 된다.

잠시 입장을 바꿔서 생각을 해보니 '아차!'하는 생각이 든다. 평생을 밖으로만 나돌던 내가 얼마나 미웠으며, 집안 살림은 거들떠보지도 않고 오직 앞길만 향하여 줄달음치는 모양을 보며 한없이 원망을 했겠다.

술은 왜 그렇게 매일 같이 먹어댔나. 밤늦도록 홀짝거리다가 통행금지 시간이 임박하여 대문을 두드린 것이 한두 번이 아니었다. 허구한 날을 혼자서 집을 지키며 지낸 외로운 밤이 서러웠을 것이라는 생각에 미안하다. 돌이켜 '잘 해줘야지' 하면서도 작심삼일(作心三日) 여전히 밖으로 나돈다.

애경사, 교회 모임, 전철역 주변 정화를 위한 봉사활동, 음악과 문학 활동, 걷기 운동을 하며 친교하는 세 군데 친목회 등 정례적인 일과로 수영장 출입, 각 기관단체의 강단에 서는 일, 매주 모여서 오락 게임을 하는 세 군데 친목회 일정이 하도 빡빡해 밖에서 식사하는 시간이 많으니 아내는 늘 혼자다. 나는 단 이틀도 못 견디겠는데 더 없이 적적한 시간을 혼자서 보내는 아내를 생각하자니 나는 별난 얌체족임이 틀림 없다.

서로를 아껴주고 따스한 정을 나누며 살아도 많지 않는 세월이니, 지금부터라도 함께 하는 시간을 늘려가야 하겠다. 수영도 같이 하고 손잡고 산책을 즐기며, 맛있는 먹거리를 찾아가고 여행의 기쁨도 함께 나누어야지. 함께 기도하고 성경 말씀도 나누면서 마음을 통해 보아야 하겠다. 나밖에 모르는 나쁜 버릇은 바꾸고 남은 인생은 같은 뜻으로 사랑하며 살아갈 것을 다짐해 본다.

말이 독수공방(獨守空房)이지 천하에 못할 노릇임을 이제야 알겠다.

오직 하나뿐인 나의 열혈(熱血) 팬, 당신

독일 유학을 마친 전도사님이 인도하는 찬양단의 수준 높은 하모니가 아름답다. 육군군악대장 출신이 연주하는 알토색소폰의 리드로 친구들의 테너 색소폰과 베이스 기타, 그리고 나의 아코디언을 포함한 4인조 밴드도 버금가라면 서러워할 것 같다. 학원장의 독주와 나와의 2중주가 펼쳐지니 박수소리가 크게 들린다.

네 권째 수필집 '바람과 소리' 출판기념회(出版記念會) 때 연주하던 모습이다. 인사를 하는 이마다 참으로 대단한 실력이라 하고, 표정이 어쩌면 그렇게 행복해 보일수가 있느냐며 칭찬도 아끼지 않는다. 책과 음악이 함께 진행된 행사가 수준급이라고 올려준다. 자기는 무엇을 하면서 살아왔는지 모르겠다며 저마다 띄워주는 분위기에 그만 하늘로 붕붕 뜨는 기분이다.

일전에 '행복(幸福)하게 살아가기'라는 주제로 강의를 마치고 강단에서 내려오니까, 자칭 원로 목사, 장로, 그리고 향교의 전교라는 분들이 과분한 칭찬을 해 주어서 멋쩍었다.

"강의가 참으로 맛이 있어요, 참말로 재미있게 잘 하시네요."

지난 봄, 예산에서는 이야기를 마치고 나오는데 등 굽은 노인이 내미는 검정 비닐봉투를 펼쳐보니, 비닐하우스에서 손수 길렀다는 시금치와 꽃상추가 가득했다. 머리 하얀 할머니는 자기가 직접 만들었다는 인형을 매달은 열쇠고리를 내밀며 수줍은 듯 미소를 지었다.

오늘은 마음에 맞는 친구들과 정담을 나누면서 산책을 하고 오락을 마친 다음 식사를 했다. 새삼스럽게 정겹고 따뜻하게 느껴지는 마음에 음식 값을 치르고 나니, 여러 사람한테 고맙다는 인사를 받게 되어 무슨 큰일이나 한 것처럼 마음이 뿌듯하다.

온천욕을 하려고 유성에 들렀더니 천변 올레 길을 걷는 사람들의 모습이 좋아 보인다. 뒤를 쫓아 가려는데 낯선 전화가 걸려왔다. 예쁘고 낭랑한 여자의 음성이다.

"저기~~ 김남식 수필가님이십니까? 아, 반갑습니다. 저는 내포신도시에 사는 000라고 합니다. 남편이 읽고 넘겨준 '바람과 소리'라는 책을 단숨에 다 읽었어요. 어쩜 그렇게 잘 쓰셨어요? 글마다 제 가슴에 가까이 와 닿아요."

자기도 글쓰기를 좋아하는데 독후감을 작성해서 메일로 보내준다며, 직접 만나서 훌륭한 말씀을 들으면 좋겠다고 덧붙인다.

갑작스런 일이라 어안이 벙벙하고 당황스러우면서도, 기분이 좋은 것을 보니 나도 역시 칭찬을 먹고 사는 동물인가 보다.

곧바로 이메일로 독후감이 들어왔다.

"안녕하세요. 저는 내포신도시에 사는 주부입니다. 저는 책 읽기를 좋아합니다. 남편이 교보문고에서 구입했다는 수필집 '바람과 소리'를 읽으면서, 울다가 웃다가 하면서 너무 많은 감명을 받았어요. 감동스런 이야기들의 느낌을 적어 독후감 대회에 보냈더니 선두를 차지했어요.

정말 좋은 책은 비싸고 어려운 책이 아니라 머리말에 두고두고 읽어도 지루하지 않고, 가슴속 한 가운데 자리 잡게 되어 생활에 활력소를 넣어 주는 책이라고 생각합니다.

…… 중략…… 저도 언젠가는 자서전을 쓰고 싶은 마음이 있습니다. 어쨌든 '바람과 소리'를 읽은 후 삶에 지친 제 마음에 많은

위안이 되었습니다. 이렇듯 좋은 책은 희망을 잃어가는 순간에 다시 열정을 불어 넣은 특효약(特效藥) 같은 존재입니다. 앞으로 새로운 책 나오면 연락주세요."

인사말로 이어간 감상문은 그 솜씨가 보통이 아니다.

이 책은 일기 형식으로 써내려간 수필집이다. 보통 수필집은 슬픔과 아픔이 공존하면서 인생무상(人生無常)의 덧없음을 노래한다. 여기서는 우리 인생의 이야기가 절절히 비수(匕首)처럼 날아와 가슴에 꽂힌다. 어떤 대목에서는 흐르는 눈물을 주체할 수 없고, 다른 문장에서는 웃느라고 책 읽기를 멈춰야 한다…….

이렇게 나를 응원해 주는 사람들이 가끔 있기는 하지만, 고정적인 팬이라고 내세울 수 있는 사람은 역시 아내 한 사람뿐이다. 교사시절에는 수업을 잘한다고 자화자찬(自畵自讚)을 하면 마음껏 웃어주고, 운동선수를 훈련시켜서 메달을 따오면 연방 만져보면서 무척이나 좋아했다. 현장연구논문을 잘 써서 모든 교원들이 염원하는 '푸른 기장'을 탔을 때와, 전국에서 모인 540여명의 교장 연수생 중에서 최우수상을 획득했을 때는, 마치 자기가 해낸 것처럼 뛸 듯이 기뻐했다. 어머니 산소에 무릎을 꿇고 상장과 상패와 상금을 보여드리며 기쁨 눈물도 함께 흘렸다.

교감과 교장 자격증을 획득하고 교육전문직으로 전직(轉職)을 할 때는 더없이 자랑스러워했다. 장학관에 이어 교원들의 꽃이라는 교육장으로 승승장구하게 되니 나를 안고 눈물을 철철 흘리며 어쩔 줄 몰라 했다.

교육 실적이 우수하다고 국민포장(國民褒章)을 받았을 때와, 평생을 2세 교육에 헌신한 공으로 훈장(勳章)을 달고 정년퇴임을 할 때는 감격스런 찬사도 아끼지 않았다. 세상에 오직 나 하나만 그런 일을 이룬 것처럼 이곳저곳에 전화를 하고 동네방네 자랑을 하며 뛰어 다녔다.

웬만한 사람이면 대부분 다 해낸 일인데도, 명석한 두뇌와 뛰어난 재주를 가지고 끈질기게 노력한 결과라며 야단을 떤다. 유별나게 내세우기를 좋아하는 내가, 조그마한 일로 신나는 모습을 보일 때마다 따라서 박수를 쳐주곤 하니 대단한 나의 팬인 셈이다. 그렇게 응원해 준 덕분에 갖가지 어려움이 닥쳐도 좌절하지 않고, 잘 해낼 수 있었고 더없는 행복을 누릴 수 있었음에 고마워한다.

줄곧 나를 다독여 준 단 하나뿐인 열혈(熱血) 팬, 아내가 있었기에 오늘의 내가 존재하게 되었음을 고백한다.

백기(白旗)를 들었더니

몸 상태가 좋지 않은데도 도토리를 주우러 나선다. 극구 만류를 해도 자꾸만 보채는 바람에 산기슭까지 데려다 주었다. 볼일을 마친 후에 가보니 꽉 찬 자루가 자그마치 세 개나 된다. 붉고 반질거리는 열매가 사방에 널려 있는 것은 난생 처음이라며 펄펄 뛰어다닌다.

모처럼 줍는 기쁨을 맛본다며 수다를 떨기 시작하더니 집에 도착할 때까지 열 번도 넘게 되풀이한다. 도토리보다는 건강 걱정을 많이 했는데 아니나 다를까 밤새 끙끙거린다.

이튿날 새벽에 눈을 떠보니 컴컴한 베란다에서 떨거덕 소리가 난다.

"쏴아! 쏴아!"

다 죽어가던 사람이 어디서 새 힘이 솟아났는지 그 많은 양(量) 금방 씻는다. 감기에 걸린 손자를 어린이 집에 맡긴 후 방앗간에 들렀는데 하도 많이 밀려 있어서 지루하게 기다렸다. 빻은 가루를 싣고 집으로 오자니 몹시 피곤해서 슬그머니 짜증이 난다.

왜 이렇게 많이 주워 오느라 고생을 사서하고 나까지 힘들게 하냐며 툴툴거리고 있는데, 아기가 열이 심하게 오른다고 빨리 데려가라는 전화가 온다. 서둘러 의사에게 가야 한다며 재촉하는 나를 향해 약을 먹였으니, 서두르지 말고 지켜보자며 누그러뜨리려 한다.

자지러지게 우는 아기를 안고 다른 손으로는 전화를 받는데 좀처럼 끊을 기색이 보이질 않는다. 평소에도 어깨와 무릎이 아파서 고생을 하는데 그렇게 오래 안고 서 있으면 무리가 갈 것 같고, 아기를 병원으로 서둘러 가야 한다는 생각에 그만 소리를 버럭 지르니 작은 소리로 대꾸를 한다.

"오전에 병원을 다녀왔으니 기다려 봐요. 차차 나아질 테지요. 그런데 왜 소리를 그렇게 질러요. 남들 창피하게."

집에 돌아와서는 한 옥타브가 더 올라간다. 서로가 잘했거니 못했거니 맞불을 놓다가 급기야는 서로의 약점까지 건드린다. 바라보던 아기는 '까르르…….' 운다.

"평생 나를 괴롭히는 욱하는 성질은 왜 그렇게 못 고쳐. 어쩌자고 그래. 어린 아이한테 부끄럽지도 않아?"

"한 번 우기면 도통 바꿀 줄 모르는 옹고집은 언제나 버릴 거여."

전투는 백두산 꼭대기까지 올라가게 되어 마침내 반말까지 튀어나온다. 결국 있는 말 없는 말들이 마구 쏟아져 나와서 걷잡을 수 없는 지경에 이른다. 더 이상 견뎌낼 수가 없어서 문을 박차고 나와 모임에 참석차 전철역에 다다른다.

마음을 가다듬고 책을 펼치니 공교롭게도 스티브 스티븐스의 〈우리는 다시 만나기 위해 태어났다〉라는 글이 눈에 띈다.

'정말 잘했어요. 역시 당신이네요. 당신과 떨어져 있으면 왠지 허전해. 난 당신을 믿어요. 미안해. 내 잘못이야. 당신 생각은 어때? 날 사랑해줘서 감사해. 나와 함께 살아줘서 고마워.'

구구절절이 마음을 흔드는가 했는데 아내의 얼굴이 떠오른다. 화가 잔뜩 난 모습, 밝게 웃는 표정, 수줍어하고 기뻐하다가 갑자기 우는 환영들이 번갈아 돌아간다.

현관문을 열고 들어섰는데도 못 본 척하고 누워서 연속극만 보고 있다. 외식을 하고 올 때마다 무얼 먹었느냐, 맛이 어떠했느냐며 꼬치꼬치 묻곤 하는데, 오늘은 본 척도 않고 텔레비전에서 눈을 떼지 않는다. 음성을 가다듬고 조심스레 말을 걸어보아도 꼼짝도 않고 묵묵부답(默默不答)이다. 얼굴이 잔뜩 굳어있는 것으로 보아 단단히 화가 났나보다.

재차 그러니까 마지못해 작은 소리로 응답은 하는데 잘 들리질 않는다. 비교적 온화한 성격이라 크게 다툰 적 없이 잘 지내왔는데 충격을 많이 받은 것 같다. 여간해서 격한 감정 표현을 하지 않는 편이지만 한 번 시작했다하면 쉽사리 풀지 않는다. 한동안 무언의 시위를 당할 것을 익히 알고 있는 터라 살짝 물러선다.

"이러지 맙시다. 이제 얼마나 더 같이 산다고 그래요. 내가 다 잘못했소. 조금 더 참았더라면 좋았을 걸. 앞으론 이런 일이 없도록 할게요. 아무리 화가 나도 큰소리를 지르지 말고 상대의 아픈 곳은 절대로 건드리지 맙시다. 그리고……."

막상 털어놓으니 마음이 가벼워진다.

새벽예배를 다녀오더니 의외로 먼저 아침인사를 한다. 아니, 이게 어떻게 된 일인가. 언제나 내가 먼저 시작하는데 선제공격(先制攻擊)(?)을 하다니. 평소 컴퓨터 앞에 앉아 글을 쓸 때에 기도를 마친 아내가 도착을 하면 으레 내가 먼저 인사말을 건넨다. 그럴 때마다 작은 음성으로 겨우 응답을 하곤 했는데 뜻밖에 일이다.

뿐만 아니라 손수 갈은 토마토주스를 입에 대주더니 등을 싸안으면서 볼에 뽀뽀까지 보탠다. 오늘은 해가 서쪽에서 뜨려나? 너무도 생뚱맞은 행동이라 천지개벽(天地開闢)을 하려는가 싶어 어리둥절해진다. 가만히 생각해 보니 아내의 서비스는 내가 먼저 사과를 한 덕분인 것 같다.

백기(白旗)를 든 효과(效果)가 이렇게 크게 나타날 줄이야 예전엔 미처 몰랐다.

49년 만에 다시 하는 고백(告白)

고백(1)

'49년 전 아내에게 보낸 편지'

"이거……."

혜진 누런 봉투들을 여러 개 쥐어주며 의미 있는 웃음을 짓는다. 열어보니 빛바랜 노랑, 빨강, 흰색 등의 종이들이다. 글 첫머리마다, 대부분 "순!"으로 시작되는 이야기들인데, 사랑이란 단어가 많이 들어 있는 것으로 보아 환심을 사려고 꽤나 애쓴 모양

이다. 결혼 전 연애하던 시절에 아내에게 보낸 편지들이다.

우리 둘이 만난 지가 어언 49년이란 세월이 흘렀는데 그동안 나의 뒷바라지를 하느라 쪼그라진 아내의 얼굴을 바라보자니 안쓰럽기만 하다. 젊어서부터 호강은커녕 어엿한 나들이 한번 제대로 시켜주지 못한 내가 생각할수록 오죽잖아 보인다.

남들은 자식들 출가시키고 단둘이서 깨가 쏟아지게 생활한다는데 지금도 나 좋아하는 일에만 매달린다. 집에 혼자 남아있는 사람 생각은 안중에도 없었으니 모자라도 한참 부족한 셈이다.

이제 철이 들어가는 것 같아서 조금씩이라도 다독여 주어야 하겠다고 다짐을 해 보건만, 생각처럼 따라주질 않는 것은 아직도 정신을 못 차린 때문이리라. 인생 막바지에 험준한 고개를 힘에 겨운

걸음마를 하게 되어, 또다시 내 몸과 마음을 온통 의지하고 애간장을 태우게 되니 염치가 없다. 고통스러워하는 나를 보고, 얼굴이 일그러지며 온몸이 오그라드는 것 같은 아내에게, 어떻게라도 위로를 해야 할 것 같아 낯 뜨거운 마음으로 고백을 해 본다.

여보! 사랑해요! 1966년 6월 당신을 만나면서 나는 날마다 행복한 날들이었소.

그해 9월 8일 당신에게 처음으로 보낸 편지를 읽으며 나는 49년 전으로 돌아가고 있소. '文양에게' 라는 제목으로 시작한 내용은 왜 그렇게 철학자인 양 거드름을 피웠는지, 아마 당신의 환심을 사려는 잔꾀를 부려 본 듯하오. 당시의 교만하고 무례함을 이제서 용서를 비오.

이어지는 편지들에는 '사랑하는 순아! 순아!' 하면서 죽도록 사랑한다고, 평생을 행복하게 해준다고, 아무 걱정 말라며 굳게 약속을 했건만, 하나도 지켜지질 않았음에 가슴 아파하며 진심으로 사죄를 드리오.

내가 해도 해도 참으로 너무 무심했소. 당신에게 보낸 편지 묶음들을 하나하나 읽어 가다보니 그저 눈물만 나오는구려! 편지마다 사랑한다고, 아무 걱정 말라고, 평생을 행복하게 해 주겠다고……. 수 백 번 나열했건만 지켜진 것은 하나도 없으니 어찌할 바를 모르겠어요.

어쩌면 그렇게 사사건건(事事件件) 나만 있고, 당신은 아무 것도 없게 했는지 참으로 후회스럽군요. 몸이 아파서, 업신여김을 받고 자존심이 상해서, 목적을 이루지 못해서 허탈감으로 방황하는 등, 갖가지 일들로 허우적대면서 당신 마음을 많이도 졸이게 했네요.

그렇게 지내 온 세월보다 훨씬 심각한 위기에 처한 지금의 상황에서 모든 걸 당신께 맡기게 되니 정말로 죄스럽네요.

내 몸과 마음의 손과 발이 되어 지극정성으로 잘 보살펴주니 빠른 시일 내에 회복하게 될 테죠. 앞으로는 몸 관리를 더욱 잘하고 짜증도 안 부릴게요. 맛있는 것을 많이 사주고 좋은 옷도 입혀 줄 것이며, 당신이 그토록 원하던 성지순례(聖地巡禮)도 함께 할게요. 앞으로는 어둡고 슬픈 일은 쫓아버리고 재미있고 즐거운 일들만 만들어서 당신에게 다 줄게요. 이번만 잘 참아주구려. 미안해요. 여보!

늦었지만 지금부터라도 행복하게 해 줄게요. 훗날 하늘나라에 가서도 많이많이 사랑해 줄게요.

착한 내 아내 '문주순(文周順)!' ♥♥♥……

고백(2)

'내가 당신을 택한 것은 참 잘한 일이오.'

"여보! 빨리 와봐 ! 참 예뻐"

저녁녘 서쪽하늘 새까만 구름 속에 갓난아기가 내민 혀처럼 뾰족이 내민 태양이, 당신처럼 아름답다며 추켜 주었더니 어림도 없다는 듯한 표정을 짓더니 살포시 웃는다.

총각선생 시절 심심산골에서 스물셋 촌색시를 우연히 대면하게 되었다. 처음부터 한 눈에 반해 탐탁찮게 여기지 않는 가족들의 시선을 뒤로하고 과감하게 밀어 붙인 끝에 결혼에 골인을 했다. 예쁘게 보이기도 했지만 건강하며 착한 것 같은데, 무엇보다도 심지(心志)가 굳게 보여서 그랬다.

여러 사람들이 생각하는 것처럼 나도 아내와 만난 것을 결코 후회하지 않는다. 아니? 그 일은 내 생애(生涯) 최고의 선택(選擇)이었다고 자부하고 싶다. 솔직히 말해서 그동안 살아오면서 때로는 어렸을 적 짝사랑을 떠올리기도 하고, 많이 배운 여자나 부잣집 딸을 만나서 호의호식하는 이들을 부러워하기도 했다.

아내는 나와 함께 살아오면서 조용하고 온순하며 매사에 올곧게 대처하면서, 수없는 고난에도 한 치의 변함이 없이 의연하게 잘 버텨주었다. 세월의 흐름에 따라 주위사람들은 어디서 저런 사람을 얻어왔느냐, 어쩜 나이든 티가 나질 않고 고우냐. 말씨나 행동하는 모습 하나하나가 부드럽고 마음이 착하다. 하나님을 향한 믿음 생활이 좀처럼 보기 드물게 열정적이라는 등 칭찬을 한다.

심지어는 예수님을 닮아가려 노력하려는 심성(心性)이 뛰어나다고 치켜 올려주어서 나를 쑥스럽게 만들기도 한다. 친척이나 교우, 이웃들로 부터 이런 말들을 자주 듣게 되면서부터는 내심(內心)으론 "암만! 그렇고말고"하고 스스로 착각 속에 빠져들곤 했다.

오늘은 치료를 하고 퇴원한 지 이틀째 되는 날이다. 침대에 누운 채 계속되는 통증을 견디다 못해서 간신히 일어났다. 거실 창가로 가니 환상적(幻想的)인 석양(夕陽)을 보게 되어 저녁 준비에 바쁘다는 아내를 불러댄 것이다. 어쩌면 저렇게 아름다울 수가 있느냐며 얼마동안 깊은 생각에 잠기는가 싶더니, 마치 하늘나라로 가는 길목에 서 있는 성(聖)스런 인도자(引導者) 같다고 한다. 하도 보기에 좋아서 귀를 잡아 당겨 속삭여 본다.

"꼭 당신 같이 예뻐! 여보! 사랑해! 당신 택하기를 정말 잘했어."

나를 꼭 잡아주는 아내의 손길이 오늘따라 한결 따스하다.

아내는 내가 건강하게 살아가도록 정성을 다해 받들어 주고, 바르고 올곧게 나아가도록 쓴 소리를 마다하지 않는다. 특히 기도하는 법을 가르쳐 주고 성경말씀을 들려주며 하나님 일에 동참(同參)하게 해 주어서 고맙다. 천방지축 하는 아이들처럼 함부로 언행을 하고 교만을 떠는 나에게 하나님을 만나게 해줌으로써, 아름다운 나라의 소망(所望)을 바라보고 나아가도록 인도해주는 아내에게 감사한다.

49년 전에 처음 만나서 결혼을 한 후로 입도 떼지 않았던 고백을 하게 되니 참으로 기쁘고 가슴이 후련하다.

"사랑하는 순아! 내가 너를 선택한 것은 무엇보다 최고로 잘한 일이다. 함께 살아줘서 고맙다. 앞으로도 잘 부탁한다."

고백(3)

'당신은 나의 집'

남은 생애 중에서 최고로 잘해 주고 싶은 사람이 아내라고 한다면 나도 꽤 괜찮은 남자인가, 아

니면 한참 이상하고도 모자란 사람일까. 남들이 아무리 흉을 보며 놀려댄다고 해도 이런 말을 꼭 건네주고 싶다. 전심(全心)을 다해 사랑을 한다고 해도 가는 세월이 너무나 빠르기에 초조하기만 하다.

부족한 나를 선택해 주고 같이 살아주면서, 이것저것 먹여주고 입혀주었으며 진심으로 보듬어 주고 사랑해 줘서 고맙다. 결혼 초부터 줄곧 자기는 숨기고 오직 나만 떠받들었다. 좋은 옷만 골라주고 맛있는 음식은 언제나 내 앞에 밀어 준다. 따뜻한 아랫목에 자리를 깔아주고 어디를 가든 나를 앞세운다. 값비싼 옷은 거들떠보질 않고 차가운 윗목이 자기 자리이며, 자신이 먼저가 아니고 오직 내 뒤만 따르면서 응원을 한다.

어려운 집 살림을 도맡아서 일으키고 심약한 어머니를 성심껏 모셨다. 식구들에게 따스한 밥을 먹이기 위해 찬밥 그릇을 고집하며 끌어안았고, 조금만 편치 않은 듯해도 이 병원 저 병원으로 끌고 다니며 동동거린다. 막상 자기가 그런 상황이 되면 단돈 몇 푼을 아끼려고 진료를 극구 사양하며 고집을 부리면서도 그런다. 일년 열두 달 꼭두새벽부터 밤중까지 줄곧, 가족의 건강과 행복을 지켜 달라는 간구를 해왔으니 뿌린 눈물은 아마 수백 드럼도 넘으리라.

살갗이 따갑도록 쪼들리는 살림 속에서도 아이들을 대학원까지 마치도록 했다. 어엿한 직장을 다니면서 보람된 일을 하도록 하고, 믿음이 신실한 가문의 사위들을 맞아 출가를 시켜 오붓한 보금자리를 꾸리게 하였다. 여러 손주들을 지극 정성으로 돌보아 예쁜 재롱을 볼 수 있게 해준 노고에도 박수를 보낸다.

내조(內助)를 잘 해줌으로써 내가 교단생활을 무사히 마치고 정년퇴임을 할 수 있게 해준 것이 고맙다. 나이 들었는데도 하고 싶은 일을 마음 놓고 할 수 있도록 끌어주고 밀어 준 것에 감사한다.

내가 뜻을 세운 일들이 제대로 풀리지 않아서 낙망을 하면 두 손을 잡아 일으켜 주며 등을 다독이며 용기를 북돋운다. 어려운 일을 당하면 따라서 땅이 꺼져라 한숨을 쉬면서도 두 손을 잡아 주고, 슬픈 일로 눈물을 흘리면 흐르는 눈물을 닦아주고 씻어주며 따라서 운다. 기쁜 일이 생기면 어깨를 두드려주고 얼싸안고 서툰 솜씨로 춤까지 추어준다.

이런 착한 아내에게 호통을 치고 윽박지르며 괴롭힌 날이 얼마였는지 모른다. 하루가 멀다 하고 심신을 아프게 해서 정말로 미안하다. 모두가 내 탓이니 용서해 줄 것을 진심으로 간청한다.

나이를 더해가면서 아내가 하는 말과 행동을 믿게 되고 더욱 기대고 싶어진다. 그래서 '젊을 때는 남편이고 늙어지면 아내'라고 하는 말이 생겨났나보다. 앨범을 하나하나 들여다보니 저절로 웃음이 나온다.

솔로몬은 '여자는 남자의 집'이라고 했다. 아내가 따뜻하고 차가움에 따라 남편도 마찬가지가 된다고 했는데, 이 정도면 나도 뜨뜻해질 법도 한데 내 마음은 아직도 얼음장인 듯하다. 바탕이 부족하고 노력도 미흡했던 결과로 판단된다.

스물세 살 수줍은 처녀가 시집을 온 지가 엊그제 같은데 벌써 고희(古稀)를 맞는다. 나 역시 일흔을 훌쩍 넘어버렸으니 지금부터라도 죽도록 사랑을 해준다고 한들 몇 번이나 될까. 생각할수록 마음이 아리고 뻐근하게 가슴이 조여오는 느낌이다.

내가 살아있는 한 제일 잘해주고 싶은 사람 아내, '문주순(文周順) 여사(女士)'에게 매일 아침 'I Love You !'라고 건네면서, 하나하나 실행에 옮겨야 하겠다. 나도 이젠 이상하고 모자란 사람이 아닌 꽤 괜찮은 남자로 불리고 싶다.

49년 만에 다시 하는 사랑 고백(告白), 해도 해도 끝이 없을 듯하다.

"여보! 진정 당신은 나의 집이요. 따스한 품속입니다."

제 5 장

소명(召命)을 따라서

내가 섬기는 하나님의 소명에 따라 정성을 쏟아붓다보면,
마침내 빛과 사랑이 넘치는 저 높은 곳으로 날아오를 수 있게 된다.

기도(祈禱)의 힘

잠자리에서 깨어나면서 부터 시시 때때로 기도를 드린다. 식사 시간에 우리 내외가 눈을 감으면 유치원에 다니는 손녀는 따라서 고개를 숙이고, 생후 17개월 된 손자까지도 손을 모으는 시늉을 하고 "아~~민~~" 한다. 해결하기 힘든 문제가 발생하거나 어려움을 당하면 온 가족이 합심하여 부르짖는다. 그러니까 세 집 자식들 식구까지 합하면 열네 명 전원이 생활화가 되었다고 볼 수 있다.

자기가 바라는 것을 쉽사리 이룰 수 없다고 판단되거나, 헤쳐 나갈 수 없는 장벽에 부딪쳐 끝이 보이지 않는 절망에 빠지게 되면, 비록 불신자(不信者)라 할지라도 원하는 바를 풀어달라며, 어떤 대상이던 간에 붙잡고 매달리게 마련이다.

'기도(祈禱)'하면 여러 가지를 생각하게 된다. 어쩌면 나는 그것에 의해 태어나서 자랐으며, 공부를 하고 가정을 이루어 살아왔다고 해도 과언이 아니다. 즐거운 일을 맞으며 기뻐할 수 있었고, 험난한 굴곡들을 잘 헤쳐 나갈 수 있었으며, 앞날의 희망과 영생에 대한 확신을 가질 수 있게 된 것도 그 결과라 믿는다.

이 모든 것들이 가족을 비롯한 주변 분들의 한결같은 기원으로 이루어 진 것으로 판단된다. 90도 꼬부랑 할머니께서는 남자가 귀한 집안에 내가 태어나기를 무척이나 기다리셨고, 막상 태어나니까 장차 큰 인물이 될 얼굴이라며 무척 좋아하셨다고 한다. 큰댁에서 우리 집까지는 꽤 먼 길인데도 새벽마다 찾아오셔서, 머리맡에 냉수를 떠 놓으시고 무병장수(無病長壽)를 비셨다고 한다.

어머니도 그러셨다. 단 하나뿐인 아들인 나의 부귀영화(富貴榮華)를 위해서 장독대와 우물터, 성황당과 큰 바위 등, 신령(神靈)하다는 곳마다 두루 찾아다니며 무릎이 닳도록 절을 하셨다. 내게 조그마한 언짢은 일이라도 생기기라도 하면, 가문에서 철저히 금기시(禁忌視)했던 무당까지 집으로 들이시다가 백부님의 불호령을 당하기도 하셨다.

수은교나 금강대교, 대순진리 등 낯선 종교 시설의 문을 두드리셨고, 동네 근처의 비암사를 시작으로 갑사, 마곡사, 수덕사, 법주사, 해인사, 낙산사 등 전국 사찰들을 두루 다니다시피 하셨다.

언젠가는 불국사에서 불공을 드리시고는 주지스님으로부터 '무영(無影)'이라는 법명(法名)을 받아오셔서 지금은 나의 호(號)로 쓸 수 있게 하셨다. 하다하다 돌아가시기 몇 해 전에는 십자가를 향해서 모든 것을 바치신 후 소천(召天)하셨다. 그러니까 어머니는 팔십 평생을 하루같이 이 못난 자식만을 위한 기도의 삶이었다고 할 수 있다.

아내도 날마다 밤낮을 가리지 않고 그렇게 한다. 그런 지극정성을 바라보신 하나님께서 나와 아이들을 하나님의 자녀로 삼으신 것 같다. 말하자면 비록 종교는 다르지만 3대째 이어지는 기도의 가문을 이어 온 셈이다.

성당에 다니는 누나, 목회를 하는 동생, 고향에 사시는 팔순이 가까운 형수, 그리고 처제나 동서 등 처가 쪽도 각기 믿음 생활을 한다. 내가 힘들어할 때마다 빠른 회복을 위해 빌어준다는 소식을 접할 때마다 참으로 고맙다는 마음이 든다.

담임목사님은 나의 안녕을 위해 심방을 하여 함께 예배를 드리고, 많은 성도들은 정해진 날 심야시간을 통해서 간절히 구원을 청한다. 이렇게 오랜 세월동안 많은 정성들이 모아져서 오늘의 나를 있게 했으며, 그 공로로 주님께서 우리 부부를 하늘나라로 인도하고 계심을 믿는다.

심신이 연약한 나를 이 나이까지 생명을 이어 주시고, 하고자 하는 바를 나름대로 이룰 수 있게 한 데에는, 많은 사람들의 줄기찬 기도들이 작용했다고 여겨진다. 엄격한 유교집안의 자손이고, 스님 이상으로 목탁을 두드리며 불공을 드리시던 어머니 밑에서 성장한 나와, 신앙 생활을 중단해야 했던 아내를, 오늘날 이처럼 하나님 나라로 이끌어 가시는 힘은 참으로 대단하다고 생각된다.

해수욕을 즐기던 젊은 부부가 쓰나미를 만났는데, 삶과 죽음의 문턱에서도 희망을 잃지 않음으로써 생명을 건졌다는 이야기가 생각난다. 위기를 맞는 그 순간에도 텐트 안에 누워 있던 아내는 백사장으로 무섭게 불어오는 태풍을 맞아 놀라면서도,

"어머니가 기도해 주시니까 나는 절대로 죽지 않을 거야!"

라고 했고, 수영을 즐기던 남편은 갑자기 무서운 엄청난 파도가 밀려오는데도,

"하나님 아버지께서가 매일 같이 나를 지켜주시니까 괜찮을 겁니다. 주님 살려주세요!"

라고 애원한 결과, 태풍은 텐트 속에 엎드려 있던 아내를 튕겨내어 육지로 밀어내고, 거센 파도는 수영하던 남편을 떠밀어 큰 바위

위에 올려놓음으로써 극적으로 구조될 수 있었다고 한다.

두 부부가 험난한 상황에서 정신을 잃지 않고 힘을 얻을 수 있었던 것은 과연 무엇 때문일까? 바로 굳건한 신앙심을 간직하고 있었으며 자신을 위해 누군가 기도하고 있다는 사실을 믿었기 때문이다. 이러한 사례는 동서고금(東西古今)을 막론하고 나타났으며, 그 위력은 참으로 놀랄 만한 경우가 많다.

나도 보이지 않는 곳에서 열심히 기도해 준 가족들, 염려해 준 일가친척과 친구, 선후배, 목회자와 교우들과 국내외에서 선교하는 분들을 잊지 말아야 하겠다. 항상 하나님을 향하는 믿음의 끈을 놓지 말고, 성원 해 주신 분들이 헤아릴 수 없이 많다는 사실에 감사하며, 어떠한 위기에 처하더라도 반드시 뛰어 넘을 수 있다는 신념을 지녀야 한다.

이제부터라도 받지만 말고 나를 위해 애쓴 여러분들을 위해 기꺼이 엎드리자. 부자유한 몸으로 숨죽이며 살아가는 사람들과, 갈등과 전쟁 때문에 상처를 입고 죽임을 당하는 이들을 위해, 눈을 감고 손을 모아야 하겠다.

예수님께서 우리를 위해 피 흘리심을 기억하고, 하신 말씀이 곧 진리임을 믿으며, 그 분이 우리에게 영원한 생명을 주신다는 사실을 아직도 깨우치지 못하는 사람들을 위해서도 무릎을 꿇자.

'항상 기뻐하라! 범사에 감사하라! 쉬지 말고 기도하라!'

주님께서 주신 말씀을 잠시라도 잊지 말자. 기도는 참으로 엄청난 힘을 가져다준다는 사실을 잊지 말아야 하겠다.

귀천(歸天)의 잔상(殘像)

"할아버지 왜 꼼짝도 못해! 할아버지 죽었어? 나는 유치원에 누구랑 가?"

어린 손녀와 놀다가 눈을 딱 감고 숨도 쉬지 않는 척하며, 누워 있으니까 몸을 흔들어대며 하는 말이다.

몇 년 전에도 비슷한 상황을 맞은 적이 있었다. 지금은 중학교 3학년이 된 둘째 손자와 함께 산책을 하다가, 네가 초등학교에 입학하면 꽃다발을 목에 걸어주고 축하해 준다고 하니까, 갑자기 걸음을 멈추고 이런 말을 해서 나를 황당하게 만들었다.

"할아버지 그 때까지 안 죽어?"

미처 예상치 못한 말들로 평소에 특별히 생각하지 않았던 나로 하여금 죽음에 대해 깊게 생각하게 하였다. 아무리 어린 아이라 할지라도 사람이 죽어버리면 다시는 볼 수 없다는 사실을 익히 알고 있음이리라.

서양에서는 아주 어릴 때부터 장례식장에서 시신(屍身)을 직접 대할 수 있도록 하는 등, 일찍부터 '죽음'의 의미를 파악하게 함으로써 대비를 해 나가도록 교육을 한다고 한다. 나도 지금부터 손주들에게 인간 삶의 근본에 대하여 차근차근 가르쳐야 할까보다.

"선생님! 돌아가시는 것이 그렇게도 걱정되세요? 지난 주일에 신부(神父)님께서 사람이 죽는다는 것은, 이 땅에서 강을 건너 건너편으로 가는 것과 같이 별스런 일이 아니라고 강론(講論)을 하셨어요."

오늘 병원에 들렀더니 초등학교 교사시절 담임을 했던 아이가 지금은 어엿한 내과 의사가 되어, 사소한 병인데도 힘들어 하는 나에게 위로를 섞어서 한마디 하는 것이다. 젊은 사람 앞에서 나이값도 못했다는 자책감이 든다.

내가 어려운 문제에 부딪혀 혼자서 전전긍긍(戰戰兢兢)하니까 아내가 교육(?)을 시키려 든다.

"여보! 죽는 것이 그렇게 무서워요? 나는 하나도 두렵질 않아요. 육체는 한 줌의 흙으로 끝나는 것이지만 영혼(靈魂)은 살기 좋은 하늘나라로 가잖아요. 사람은 누구나 언젠가는 죽게 마련인데 걱정한다고 천년만년 살 수 있나요. 다 부질 없는 짓이지요. 그보다 세상을 떠나기 전에 겪는 고통이 문제인데, 나보다는 자식들이나 주위 사람들을 힘들게 하는 것이 큰일이지요. 평화롭고 행복한 나라에 당신 영혼을 보내달라고 매달려요."

'죽음!' 생각하기도 싫은 단어이다. 사람마다 그런 상황을 맞아 세상을 떠난다는 것 그 자체를 꺼려하고 외면하려 든다. 하기야 이토록 좋은 세상을 더 이상 보질 못하게 되고, 사랑하는 가족을 이별하는 아픔 앞에서 그 누구인들 편안하다고 할 수 있단 말인가.

가만히 생각해보면 어린 아이의 새까만 눈동자나 이마에 흩어진 머릿결 하나하나까지도 귀여운 것처럼, 늙어가면서 눈이 잘 안 보이고 귀가 어두워지는 것 또한 특별한 일이 아니다. 삶의 여정(旅程)에서 심신의 고통을 겪고, 갖가지 사건에 직면해서 힘들어 하는 것은 누구나 겪게 되는 흔한 일이라 할 수 있다.

죽는다는 것 또한 누구나 한 번은 맞아야 하는 경험이니 순순히 받아 들여야 한다. 그것은 누구든지 언젠가는 겪게 될 최고의 과제이고 천국으로 향하기 위한 첫출발이다.

죽음을 대비하는 것은 평소에 하지 못한 일을 찾아 하는 것임을 깨닫고 하루하루를 열심히 살아가야 한다. 나이가 들어서 할일이 없다고 핑계를 대며, 고생을 많이 해서 쉬고 싶다며 게으름을 피우면 안 된다. 나는 어디서 왔는가, 지금 어디에 서 있는가, 과연 어느 곳으로 향하고 있는가. 언제 죽는가. 죽은 후에는 어디로 가는가를 깊이 성찰(省察)해 보아야 한다.

인간은 죽음을 안고 태어났으며 또한 그것은 남이 대신해 줄 수 없다고 한다. 야스퍼스는 '죽음은 두 번이란 없다. 인간은 누구나 실습(實習) 없이 태어나서 연습(練習) 없이 죽는다.'라고 했다. 죽어가는 사람들이 그토록 갖고 싶어 했던 금쪽같은 시간들을 그럭저럭 써 버리거나, 절호의 기회들을 우물쭈물 하다 놓쳐버리지 말자고 강조했다. '내 생애가 10년이, 1년이, 30일이, 1주일이, 하루가, 1분이 남았다면?'하는 생각으로 촌음(寸陰)을 아껴 써야 한다.

소중한 시간들을 종교 활동에 투자해야 한다고 말하고 싶다. 세계적인 통계를 보아도 무신론자(無神論者) 수는 매우 적다. 영혼이 없다고 답하는 사람은 불과 2.7%에 불과하고, 나머지는 긍정적인 답을 내어 놓았다는 연구 결과에 주목을 해야 한다. 자신의 인생을 돌아보고 기도하는 시간을 늘려야 한다.

순간순간을 보람 있게 보내서 언제 죽어도 괜찮다는 마음을 먹고 살았으면 좋겠다. 죽음은 사랑했던 사람들과 하늘나라에서 다시 만날 수 있는 영생(永生)의 길이기 때문이다.

파스칼이 '설혹 천국이 없더라도 그것을 믿는 것에 도박을 걸어도 좋다.'고 설파(說破)했다는 것에 주목을 하고자 한다. 그리 많이 남아 있지 않은 나의 인생, 과연 어떻게 살다가 어떻게 가는 것이 행복한 죽음인지를 찾아가야 하겠다.

천상병 시인이 노래한 '귀천(歸天)'의 시어(詩語)들이 '나에게 죽음이란 무엇인가'라는 질문에 답을 주는 듯하다.

나 하늘로 돌아가리라.
새벽빛 와 닿으면 스러지는

이슬 더불어 손에 손을 잡고,
나 하늘로 돌아가리라.

노을빛 함께 단 둘이서
기슭에서 놀다가 구름 손짓하면은,
나 하늘로 돌아가리라.

아름다운 이 세상 소풍 끝내는 날,
가서, 아름다웠더라고 말하리라.

저 높은 곳으로 우리의 영혼을 보내달라고 간구(懇求)하는 아내의 기도에 따라, 나도 엎드려서 아름답고 행복하게 살다가 그곳에 가게 해달라며 두 손을 모은다.

우리 둘이서 함께 하는 길! 매우 뜻 깊은 일이다.

가치 있는 삶을 향하여

나에게 붙여진 이름은 여러 가지이다. 아코디언 연주자, 대학교의 외래교수, 교양강사로 활동한다. 어떤 이들은 어려운 일이라도 용감하게 뛰어들고, 일단 결정하기만 하면 무섭게 밀어 붙인다고 불도저, 나가자 해병대, 더 나아가 사령관으로 특별 승진까지 시켜준다.

현직일 때는 일반교사, 체육주임교사, 연구주임교사, 교감, 교장, 장학사, 교육연구사, 장학관, 학무과장, 교육장이라고 불리었다. 학창 시절엔 운동을 좋아해서 복싱과 축구 선수, 태권도와 기계체조부원이란 명칭이 붙여지고 문예부원과 학생회장으로도 활동을 했다.

나팔바지와 뽕을 넣은 어깨를 흔들며 으스대던 중학교 때는 어깨, 수줍고 공부 잘하는 학생으로 통하던 초등학교 때는 반장 노릇도 했다. 아주 어려서는 수줍음을 많이 타는 못난이라 하고 이름 가운데 자(字)를 따서 남서방이라 놀림을 받기도 했다.

일생을 통하여 다들 여러 이름들을 가졌겠지만 내게 불리어진 이름들을 더듬어 보노라면 마치 자서전을 읽어가는 느낌이 든다. 색동옷을 입고 덩실덩실 어깨춤을 잘 춘다고 칭찬을 받고, 머리가 좋은 아이라고, 여럿 앞에서 말을 잘한다고, 용감한 군대 출신이어서 멋지다고, 잘 가르치는 교사를 시작으로 남들보다 앞서 간다고 선두주자(先頭走者)로까지 불리었다.

나중에는 모두 다 앞서가더라도 제발 죽는 것은 그러지 말라고 진담 같은 농담을 듣기도 했다. 이렇게 되기까지는 나름대로 최선을 다해 전력질주를 하고 고난도(苦難度)의 경주(競走)를 했다.

"당신은 남부럽지 않게 살았어요. 하고 싶은 것은 다 했어요."

기(氣)를 세우려고 그러는지 평소에도 나를 잘 추어주었는데, 이번에 또 아내의 칭찬을 듣고 보니 기분이 나쁘지는 않다. 이런 나의 인생역정(人生歷程)을 돌아보면서 스스로 남들이 보기에 '화려하게 살았다(?)'고 은근히 자랑을 하고도 싶다.

마음을 돌이켜 객관적인 입장으로 돌아가 보면 그런 것들이 그리 대단한 일만은 아니다. 누구나 할 수 있는 일이고 나보다 훨씬 더 잘 하고 훌륭하게 살고 있는 사람들이 얼마든지 많다. 그런데 그렇게 열심히 살았다는 것이 과연 얼마나 가치 있는 일이며, 진정 남 앞에서 자랑할 만큼 대단한 것인지 한번쯤 따져 볼이다.

가장 가까이에서 마주하고 있는 아내와 비교해 본다. 심심산골에서 부모님과 여러 오빠들의 사랑을 한껏 받고 자랐다. 일찍 하나님께 나아가 진실된 믿음 생활을 해왔다. 결혼 후에는 부처님을 믿는 시어머니 때문에 교회는커녕, 그로 인해서 많은 어려움을 당했지만 굳은 믿음으로 가파른 고비 고비를 잘 넘겼다. 놀랍게도 독실한 불교신자인 시어머니는 며느리 소원을 풀어준다며, 4년간 하나님을 믿으시다가 돌아가셨으니 예배당에 나갈 수 있도록 허락을 하신 셈이다.

아내는 하나님의 딸답게 살아가려는 노력을 날마다 이어간다. 오로지 하늘나라 소망(所望)을 향하여 감내하며 온 역동적인 삶의 여정이라 할 수 있다. 신실한 믿음으로 하나님께로 나아가는 아내를 보고 칭송하는 사람들이 하나 둘 늘어 간다.

아내는 엄격한 시어머니를 받들고, 가정사는 아랑곳하지 않고 출세의 가도(街道)만을 달려가는 나를 성심껏 내조하며, 어려운 살림에 4남매 대학교와 대학원까지 공부를 시켜 사회에 내놓았다. 무엇보다 특별히 권하지 않고도 온 가족을 하나님의 길로 인도한 것은 하늘나라를 향한 줄기찬 서원(誓願)의 결과이리라.

나에게 종종 속담을 들어 우회적으로 속마음을 표현한다. '모진 돌이 정 맞는다.'며 자신의 성공을 위해 열심히 일하는 것도 중요하지만, 까딱 잘못하면 남에게 해를 끼치고 자신도 힘이 든다고 한다. 이런 말들과 비슷한 설교의 어귀가 마음에 와 닿는다.

'육신(肉身)을 위해 뛰지 말고 영원(永遠)한 행복(幸福)을 위해 열심히 살아라.'

이제껏 다른 사람들이 가진 것을 다 소유하고 싶고 남을 뛰어 넘기 위해 노심초사(勞心焦思)하며 온힘을 다 했다. 결국 얻은 것은 무엇이고 남은 것은 무엇인가. 더 많이, 더 먼저, 더 높게 올라가려고 주변사람들을 얼마나 어렵고 힘들게 했는가를 뒤늦게야 후회를 하게 된다.

솔로몬 왕은 마지막에 인생 부귀영화의 허무함을 털어 놓았다. 오늘따라 아내의 천국을 향한 간절한 기도와 예수님을 닮아 가려는 언행이 더없이 착하게 보인다. 나도 모든 죄를 하나님께 고백하고 생각을 바꾸어 좀 더 가치 있는 일을 위해 열심이고 싶다.

섬마을 선교(宣教)

"그런 것 말고 목회자나 보내 주세요. 내가 6.25 때 피난을 나와 지금까지 60여 년 간 이 교회를 지켜 왔는데 이제는 내가 너무 늙어서 더 이상은 못하겠어요. 육지로부터 너무나 먼 곳이어서 그런지 맡아 할 사람이 좀처럼 나타나질 않네요."

어려운 환경 속에서 목회를 하는 분들에게 다소나마 도움을 주고 싶다는 전화에 가냘프게 떨리는 음성으로 응답을 한다. 원산도의 총 6개 교회에 전화를 걸어봤다. 하나하나 통화를 하다가 섬 중심지의 교회에 연락을 했더니 여건이 열악하다는 '구치교회'를 소개해 주어 인연을 맺게 되었다.

2006년 초부터 나는 얼떨결에 '목자(牧者)'라는 중책을 맡아달라는 권유를 사양했는데, 아내가 하나님 일이니 기꺼이 담당해야 한다고 권하는 바람에 맡기는 했지만 걱정이 앞섰다. 여러 번 논의 끝에 무슨 일이든지 하나님께서 잘 들어 주실 거라는 뜻으로 'OK 목장'이라고 이름을 지었다. 목원(牧員)들이 모두 나보다 교회경험도 많고 성경 지식도 풍부하며 믿음도 신실한 분들이라, 적극적으로 협조도 잘해 주어 비교적 활발하게 운영이 되었다.

어느 날 오지에 가서 선교를 해보자는 의견이 나와 논의를 한 끝에 섬마을 교회에 가서 활동을 하자는 데에 합의를 보았다. 무더운 여름날 방학을 이용하여 첫번째 활동을 시작했다. 주로 한의대 원장 내외를 필두로 하는 의료봉사에 중점을 두었다. 치료와 관련된 비용은 의사 부부가 도맡다시피 했고 나머지는 교회에 낼 성금 등은 다른 사람들이 준비를 했다.

장거리 운전을 하고 배까지 타서 피곤할 텐데도, 처음 시작하는 일이라 마음이 들떠서인지 모두들 얼굴에 밝은 미소가 피어오른다. 마중 나온 목사님의 낡은 봉고차를 타고 도착한다. 교회 입구에는 지저분한 고물상이 차지하고 있고 헌 산소통으로 만든 종

(鐘)이 을씨년스럽게 매달려 있다. 성전에는 조그마한 강대상에 낡은 벤치 몇 개가 놓여 있다. 건물과 시설 모두 조촐해 보이지만 열한 분 남짓한 할머니 성도들은 화기애애한 분위기다.

OK목장의 남자들을 앞세워 전원이 예배에 참석한다. 우리들의 소규모 악단에 의해 할머니들과 힘차게 찬송을 한다. 병원장은 건강에 관한 강의를 하고 교수는 실감나는 간증을 하여 감동을 준다.

대학교 학생봉사단과 함께 꾸려진 의료팀은 모여드는 주민들에게 진료를 하고, 아내를 포함한 자매들은 꽂은 침을 뽑고 약을 나누어 주며 뒷바라지를 하는 등 모두가 눈코 뜰 사이 없이 바쁘다. 이 일이 해마다 이루어지면서 미용봉사단까지 투입되어 한결 더 활발해졌다.

약 7년 동안 계속 진행되면서부터는 비교적 규모가 큰 원산도교회까지 섬기게 되는 좋은 성과를 거두었다. 햇수를 거듭하면서 큰 관심사가 됨으로써 교회 차원에서 이 일을 맡게 되고 더욱 많은 성도들이 참여하게 되었다. 양쪽 교회가 합동으로 탁구와 축구 등 게임도 벌여 친선을 도모하고 어린이 여름성경학교도 운영하였다.

앞으로는 교회뿐만 아니라 각 마을까지 직접 방문하여, 전 주민을 대상으로 다양한 사업을 전개함으로써, 여건이 열악한 두 교회가 부흥할 수 있도록 하자는 다짐도 했다. 그러던 차에 2013년부터 피치 못할 사정으로 인하여 안타깝게도 활동이 임시로 중단되고 말았다. 8년여 전, 처음으로 선교 목적을 가지고 방문을 했을 때 교회를 담임했던 젊은 전도사님의 말씀이 절절하다.

"이렇게 먼 곳까지 와 주셔서 감사해요, 죄송하지만 한 번 시작했으면 중지하지 말고 오래도록 방문해 주세요. 봉사하려는 사람들은 많은데 얼마 안 가서 중도하차(中道下車)해 버려서 할머니들이 너무도 많은 상처를 받게 돼요."

주님께서는 우리로 하여금 원산도 선교를 다시 이어갈 수 있도록 이끄시리라 믿는다.

아내의 노래

젊은 시절에 술을 너무나 좋아했던 나는 참으로 철없이도 살았다. 하루가 멀다하며 통행금지 시간을 어기고 밤늦게 대문을 두드리기 일쑤였다. 얼큰하게 취하면 노래를 부르고 나무젓가락으로 상 모서리를 두드리면서 장단을 맞춘다. 더욱 흥이라도 날라치면 노래방에 들러 마이크 쟁탈전을 벌이면서 춤 자랑까지 벌인다.

내 차례가 돌아올 때마다 주로 '비 내리는 고모령'을 고른다. 어머니께서는 사업을 한다고 만주와 일

본과 북한으로 분주히 돌아다니시다가 일찍 세상을 떠난 아버지 때문에 무척이나 애를 태우셨다. 한 많은 세월을 눈물을 삼키며 살다 가신 어머님 생각 때문에 그 곡을 자주 불렀던 것 같다.

이 노래는 일제 강점기에 약탈행위가 점점 심해서 우리 젊은이들을 전쟁터로 내 몰기 시작을 했을 때를 소재로 해서 만들어졌다고 한다. 당시에 징병을 당한 아들과 어머니가 뼈아픈 이별을 하면서 통한의 눈물을 쏟아 내던 장면을 인용(引用)한 곡이라 한다. 해방 후에 작사, 작곡 되어 지금까지 국민가요로 불리고 있다.

아내는 분명 음치(音癡)는 아닌 것 같은데 웬일인지 노래를 하라면 질색을 한다. 이 일 때문에 여럿이 즐겁게 여행을 하는 것조차 꺼려할 정도다. 여간해서 남 앞에서 노래를 부르는 모습을 볼 수 없었는데 마침내 일가친척들이 모인 자리에서 어쩔 수 없는 궁지에 몰리게 되었다. 어렵사리 버티다가 겨우 내놓는다는 것이 하필이면 '사랑만은 않겠어요.'였다.

숨이 금방이라도 넘어갈 듯 겨우겨우 이어가던 음성은, 여럿 앞에서 내 마음을 졸이게 하였고, 무척이나 무안하게 만들었으며 가슴을 아프게도 하였다.

"그렇게도 사랑이 괴로울 줄 알았다면/ …… 그 시절 그 추억이/ 또다시 온다 해도/ 사랑만은~ 않겠어요."

아내가 험난한 인생의 고개고개를 넘어온 것을 알고 있는 친척들의 숙연한 분위기에 몸 둘 바를 몰랐는데, 부득이 노래를 할 수 밖에 없을 지경에 이를 때마다 이 곡을 부르곤 해서 나를 난처하게 만들었다.

오죽이나 미웠으면 사랑만은 않겠다며 저렇게 절규까지 할까, 얼마나 견디기 어려운 세월이었으면 한풀이를 하는 것처럼 쏟아내나, 얼마나 원망스러웠으면 사랑하고 싶다고 해야 할 사람을 앞에다 두고 결코 그것만은 하지 않겠다고 저러나. 너무나 가엾고 미안해서 그만 자리를 뜨고 말았던 생각을 하면 지금도 가슴이 시리고 뼈가 저린지 모른다.

언젠가부터는 아내의 주제곡이 '내 주를 가까이 하게 함은'이란 찬양으로 바뀌었다. 영화 '타이타닉'의 내용 중에서 거대한 배가 서서히 침몰하는 절망적 위기의 상황 속에서도 바이올린으로 연주를 하면서 묵묵히 최후를 맞는 곡이다.

'내주를 가까이 하게 함은/ 십자가 짐 같은 고생이나/ 내 일생 소원은 늘 찬송하면서/ 주께 더 나가기 원합니다.'

독실한 불교 신자인 시어머니가 하나님을 믿는 며느리를 마뜩찮게 여겨서, 찬송가를 부르고 싶어도 입도 벙긋 못하다가 이제는 마음 놓고 부르는 모습을 보니 만감(萬感)이 교차(交叉)한다.

무슨 일이 있어도 결단코 사랑만은 않겠다며 절절하게 부르던 지정곡이, 어느 날부터 가슴을 벅차게 하는 찬송가로 바뀌면서 아내의 얼굴에는 평안함이 깃들기 시작한다. 십자가를 지는 것 같은 고생이 될지라도 일생의 소원은 늘 찬송하면서, 하나님 앞으로 힘차게 나아가겠다고 할 때마다 나도 따라서 두 손을 모은다.

이에 뒤질세라 나도 '유 레이즈 미 업(You rais me up)'이라는 복음성가를 새로 배우며 그 가사와 곡조의 깊은 의미를 생각한다. '힘들고 지칠 때 나를 일으켜 주소서'라는 뜻인데, 앞이 꽉 막힌 것 같을 때 이 곡을 부르면 거룩하신 분이 내 손을 꼭 잡고 힘껏 잡아 일으켜 주는 느낌이 든다.

가사가 영어로 되어 있어서 그 깊은 의미를 정확하게 파악하기 어렵고 가락 또한 익히기가 쉽질 않아서, 연주를 하며 노래하기가 만만치 않지만 여럿 앞에 나서기 위해서 공들여 연습을 하고 있는 중이다.

요즈음 아내의 노래는 '저 높은 곳을 향하여'로 옮겨갔다.

'저 높은 곳을 향하여/ 날마다 나아갑니다. ……그곳에 서게 하소서/ 그곳은 빛과 사랑이/ 언제나 넘치옵니다/ '

아내가 무릎을 꿇고서 이 노래를 처연(悽然)하게 부르면 나로 하여금 많은 것을 생각하게 한다. 빛과 사랑이 언제나 넘치는 저 높은 곳을 향하여 나아가겠다는 결단(決斷)을 할 때마다 나도 따라서 목청을 높인다.

결단코 사랑만은 않겠다던 사람이 하나님께 온 힘을 다하여 사랑을 바치겠다고 다짐을 하고, 영생의 길을 향하여 나아가려는 모습은 참으로 보기에 좋다.

비록 지금 내게 견디기 힘든 상황에 처했더라도, 주님께서 힘껏 잡아 일으켜 주시리라는 믿음으로 기쁘게 찬양하고 간절하게 기도를 드린다.

일심동체(一心同體)

이른 새벽, 어렴풋이 휴대폰을 열었다 닫는 소리가 들린다. 옷을 입는지 바스락거리는 소리가 나더니 가만 가만 문을 열고 나간다. 벽시계가 4시를 조금 넘긴 시간이다. 어둠을 뚫고 교회로 향하는 것으로 아내의 하루 일과가 시작된다. 오고가는 시간과 성경말씀을 듣고 개인적인 기도를 드리는 것을 합하면 2시간 반 정도가 걸린다.

험악스런 세상에 캄캄한 새벽길이 걱정되고, 성

치 못한 무릎을 꿇고 장시간 기도하는 일과, 가깝지 않은 거리를 걷는 것이 안쓰러워 만류를 해 본다.

"여보! 일기 예보에 몹시 춥다고 하는데, 그냥 집에서 예배를 드리지 그래요. 더구나 어두운 길에 비가 와서 미끄러울 텐데."

"내가 알아서 해요. 걱정 말고 잠이나 더 주무시구려."

내심 걱정이 커서 조심스레 내 의견을 내 비쳐 봐도 아무 소용이 없다. 한동안 함께 다녔는데 새벽길 찬바람을 이기지 못한다는 핑계로 참여하질 못해서 미안하다.

지금쯤 아내는 제일 먼저 성전(聖典) 문을 열고 들어가서 앉아 있겠다.

"사랑이 많으신 하나님! 아름다운 새날을 맞게 해주시고, 이 새벽에 깨워 주시어 예배를 드릴 수 있게 해 주셔서 고맙습니다. 오늘도 저희들 온 식구들이 하나님께 영광을 올릴 수 있도록 하여 주시옵소서. 사랑하는 남편을 비롯한 자녀들의 건강을 지켜 주시고, 모두가 하나님 보시기에 아름다운 삶을 살아가도록 인도하여 주시옵소서.……"

눈비가 내리거나 꽃이 피고 져도 그 기도는 한결 같을 것이다.

두 손을 모아 눈을 감고 있을 모습을 그려보며 나도 침대 위에 엎드린다.

전능하신 하나님 아버지! 지난밤 잘 재워 주시고 새 날을 맞게 해 주심을 감사드립니다. 저의 가정에 많은 복(福)을 내려 주셔서 고맙습니다. 오늘도 아버지께서 기뻐하시는 삶으로 살아가기를 원합니다.

당신의 딸이 눈물 뿌려 기원하는 기도에 응답하여 주시옵소서. 하나님께서 주신 자식들이 맡은 일들을 성실하게 감당하도록 해 주시고 주님의 자녀답게 거룩하게 살아가도록 하시옵소서. 손주들을 돌봐주셔서 씩씩하고 지혜롭게 커가게 하시어 약한 자들의 편에서 정의롭게 살아가게 하옵소서.

주위에는 가난과 질병으로, 부모와 자녀들 문제로, 사회나 직장의 일로 고통 받는 이들이 많습니다. 용기를 잃지 않고 일어설 수 있도록 역사하여 주시옵소서.

하루 빨리 통일을 이룩하시어 신음하는 북한 동포들을 해방시켜 주시옵소서. 세계 곳곳에서 갈등과 전쟁으로 고통당하는 여러 민족들에게도 임(臨)하시어 이 땅에 평화를 주시옵소서.

무엇보다 저희 온 식구들이 주님께서 원하시는 일을 잘 할 수 있도록 복에 복을 더하여 믿음의 지경(地境)을 넓혀 주시옵소서!…….

교회와 집에서 드리는 우리 둘의 기도하는 내용이 크게 다르지 않을 것이며 이 세상에 살아있는 한 계속될 것이다.

가끔 바쁘다는 핑계로 가정 일을 등한시하여 아내에게 몸과 마음을 아프게 한 것을 고백한다. 늦었지만 뉘우치는 마음으로 둘이서 항상 기뻐하고 범사(凡事)에 감사하며 쉬지 말고 기도하면서 여생을 보내고 싶다.

요즈음은 나름대로 의도적인 노력을 기울인다. 컴퓨터 교육을 받으러 아내를 차에 모시고(?) 다니며 서로가 배우며 가르쳐 주고, 짬을 내어 국화 축제와 단풍 구경도 즐긴다. 근교의 경치 좋은 곳을 찾아 색다른 음식도 맛보고 가끔은 영화 구경도 즐기려 한다. 농장에 들러 내 손으로 가꾼 소나무들을 바라보며 대견스러워 하고, 둘이서 땀 흘려 기른 채소로 김장을 담가서 땅속에 묻어두는 기쁨을 누린다.

오늘도 장애우들에게 반찬을 만들어 주려고 나서는 아내를 태우고 라디오의 찬양을 들으며 교회로 향한다. 나는 때때로 기관이나 단체의 강단에서 수강생들에게 고통과 상처와 외로움을 이기려는 의지를 심어 주도록 힘쓴다. 요양원과 노인 병원과 그리고 치료감호소나 정신수양원에서 심신의 고통을 받고 있는 이들을 음악으로 보듬어 줄 수 있도록 노력을 한다.

욕심을 내려놓으려 힘쓰고 내 고집대로만 하지 말며 아내가 가는 길에 동행을 해야 하겠다. 원칙대로 하지 않는다고 나무라는 말에도 순응하고, 짜고 또 짜게 살림살이를 하며 십일조와 구제헌금(救濟獻金)을 마련하는 데에도 마음을 합쳐야 한다.

어려운 이웃을 도와주며 질병으로 고통 받는 이들에게 다가가서 기도와 식사 대접을 하는 일에도 참여하자.

아내와 일심동체(一心同體)가 되어 천국(天國)을 향해 나아가는 우리 앞에는 기쁨만이 넘쳐나리라.

세상에서 가장 좋은 것은 아직 오지 않았습니다

모처럼 자연의 풋풋한 내음을 맡을 수 있는 시골에 가자니 기분이 들뜬다. 더욱이 사랑하는 처제와 동서들과 함께 즐거운 시간을 가질 것을 생각하니 어린 아이같은 마음이다.

깨끗하게 닦은 차를 운전하는 둘째 동서도 기대에 부풀고 있는지 지긋이 미소를 지으며 운전을 한다. 아내와 처제는 오늘 김치 담글 계획을 주고받더니 자식들이 사는 이야기로 이어간다. 백미러로 바라보니 둘 다 삶에 지쳤는지 얼굴이 수척해 보인다.

반가이 맞는 셋째 처제 내외는 절인 배추를 나르는 등 준비를 하느라 바쁘다. 햇살이 따스하게 내려 쪼이는 앞뜰에 둘러 앉아 작업이 시작된다. 여자들이 한참 작업을 하는 동안 남자들은 뒷바라지를 해 주느라고 잰걸음이다. 스마트폰을 통해 찬양을 들려주니 고마운가보다.

"형부 멋져!"

"형님! 전보다 훨씬 세련 됐네요."

시간이 갈수록 힘들어 하는 눈치여서 준비된 간식을 내다가 입에 넣어주며 유머를 섞는다. 작업이 모두 끝난 후 요즈음 살아가는 상황이 어떠냐며 질문을 하니 각기 의견을 내어 놓는다.

먼 곳으로 살림을 낸 아들이 보고 싶다. 경제적인 문제가 풀리질 않아 힘들다. 젊은 경비대원들을 지도하자니 힘이 든다. 백세시대신문(百歲時代新聞)이라는 노년신문 기자가 되니 바빠질 것 같다. 돌아가며 대답들을 하는데 가만히 듣고 있던 처제의 차례가 되니 눈물을 그렁거리더니 내뿜어버리듯 쏟아낸다.

"지금 같은 상황이면 그만 팍 죽어버리고 싶어요."

아내가 다가가 어깨를 감싸면서 기도 외엔 다른 방법이 없으니, 열심히 하다보면 어려움을 헤쳐 나갈 길이 열릴 것이라며 다독인다. 행복하다는 사람도 얼마 못 가서 어려운 일이 닥치게 마련이고, 불행하다고 해도 다시 좋은 일들을 맞이할 수 있는 법이라는 말을 잇는다.

그렇게 말하는 아내도 실은 가끔 그런 말을 해서 안타깝다. 하루가 멀다 하고 병원을 들락거리는 나 때문에 속을 태운다. 쪼개고 또 쪼개면서 집 하나 장만한 후에 아이들을 학원에 보내는 등 살림이 쪼들리는 큰 애, 팍팍한 집안 살림에 힘들어 하고 많은 학생들을 가르치며 대학원 공부까지 하는 둘째, 어린 아이 둘 뒷바라지에 항상 바쁜 일정을 소화하면서 복지관 업무에 시달리는 셋째 때문에 늘 마음을 졸인다. 또한 다른 식구들의 이런 문제 저런 문제로 걱정은 늘어만 간다.

그런 아내를 바라보면서 당신도 잘하라는 위로의 말을 건네 본다. 세 아이들이 모두 가까운 곳에 살아서 든든하고 자식들과 손주들을 자주 보는 재미가 있지 않느냐니까 고개를 끄덕인다. 모두가 잘 돌보아준 덕분으로 내년에는 고희(古稀) 잔치를 빽적지근하게 해준다니까 고개를 가로 저으면서도 싫지는 않은 표정이다.

덧붙여서 내가 지금은 아프지만 얼마 안 가서 회복될 테니 아무 걱정 말라며 안심을 시키려니까 제발 그렇게 좀 해달라며 애원을 한다. 내가 건강해지면 비록 작은 일일지라도 하나님 일에 동참(同參)하고 싶다니까 반가운 눈빛으로 한마디 던진다.

"그래요, 당신에게 가장 좋은 것은 아직 오지 않았어요. 그날이 올 때까지 열심히 하세요."

며칠 전 성경 말씀이 담긴 CD에서 비슷한 말을 들었다.

"정말로 가장 좋은 것은 아직 오지 않았어요."

이 말은 원래 청교도(淸敎徒)들의 인사말이었는데 서양에서는 지금까지도 많이 쓰이고 있다고 한다.

되뇌어 볼수록 의미심장한 말이다.

'내게 진정으로 가장 좋은 일은 무엇이며 어떻게 해야 그것을 성취할 수 있을까?'

궁금하기도 하고 기대도 커진다. 갖가지 문제로 겪는 고통과 남에게 받은 상처 때문에 아파하고, 눈물 나게 쓸쓸한 외로움과 뼈저리게 깊어진 슬픔으로, 어렵고 힘들어하는 이들을 찾아가서 알려주어야 하겠다. 조그마한 즐거움일지라도 오랫동안 간직할 수 있도록 가까이 가서 큰 소리로 들려주어야 하겠다.

"가장 좋은 것은 아직 오지 않았습니다. 그것이 어디에 있는지 찾아가 봅시다."

끝까지 현직(現職)이고 싶다

목사님이 아내한테 청년부장의 사모님이 된 것을 축하한다고 말을 하더라며 어쩐 일이냐고 묻는다. 오늘 낮 예배에서도 여러 성도들이 젊은이들을 위해서 참으로 잘 된 일이라면서 인사를 건넨다. 멋쩍고 떨떠름하면서도 기분은 좋다. 이 나이에 부장 벼슬(?)을 따고 청년들과 어울릴 생각을 하니 걱정은 되지만 은근히 기대도 된다.

정년퇴임하기 전 얼떨결에 교회의 목장(같은 지

역의 교우 모임)에 소속된 형제자매들과 함께 즐거움과 어려움을 나누며 열정적으로 활동을 했다. 가정을 심방하여 예배를 드리고 근무하던 교장실에서 정담을 나누고, 밭을 일구어 경영하던 농장에서 고추와 토마토를 따고 고기를 구워먹던 추억들이 새롭다.

지금도 만날 때마다 금강 가의 아담한 식당에서 회식(會食)을 즐기던 일과, 보육원에 들러 원아들을 돌보아 주던 장면 등, 당시의 이야기를 할 때면 그 시절이 참으로 좋았다고 입을 모은다. 지금 그 목원(牧員)들은 각기 교회의 주요 사역(使役)을 담당하여 원만하게 추진하고 있고, 외지로 떠난 사람들까지 우리 내외와 지속적으로 친교(親交)를 맺어 오고 있다.

3년 전부터 2개년 동안은 가족위원장(家族委員長)이라는 직분을 맡아서, 다양한 분야의 일을 담당하여 나름대로 보람 있는 활동을 했다. 당시에 중책을 수행하기에 너무나 벅차서 청년들의 손을 많이 빌린 인연으로 이번에 청년부 부장에 천거를 받은 것으로 짐작된다.

막상 담당하게 된다고 생각하니 그들과 연령 차이가 많아서 어울리기가 힘들 것 같고, 무슨 일을 해야 하는지 파악도 안 되며 중책(重責)을 감당하기가 어려울 것 같다. 거듭 사양을 했는데 하나님께서 주시는 사명(使命)을 거역할 수 없는 법이라는 아내의 말에 못이겨 맡게 되었다. 청년들과 교직자들이 찬성을 할 경우에만 받아들이겠다며 조건부 승낙을 했는데 만장일치로 통과가 되었다며 연락이 온 것이다. 아내는 안절부절 걱정하는 나를 보고 기왕에 맡겨진 일이니, 여생(餘生)의 사명(使命)이라 생각하고 노력을 기울이라며 힘을 북돋우려 든다. 부원들 하나하나를 자식이나 손주들처럼 격려하며 다독여 주고, 물질적이나 정신적으로 후원도 해 주면 얼마나 좋은 일이냐며 안심을 시키려 든다.

담당을 하고 나서 가장 먼저 젊은이들로부터 불리고 싶은 호칭(呼稱)부터 생각을 해 본다. 평소에 나를 '교장선생님'이라고 부르는 것부터 새롭게 고쳐 달라고 해야 하겠다. 교회에서 통상적으로 사용하는 '형제님'이라고 불러 달라면 어떨까? 아니지, 젊은 사람들이 나이든 나를 보고 그러면 안 되겠다. 둘이서 이런 저런 궁리 끝에 좀 더 친근감이 생기도록 '젊은 오빠'와 '젊은 형아'로 결정되었다.

이 이름은 몇 년 전에 선교지로 떠날 때 붙여진 별명이다. 선교팀이 꾸려지면서 분주한 준비 활동을 거쳐 여러 장비들을 챙겨서 여객선에 올랐다. 망망대해를 바라보며 시원한 바닷바람을 맞으니 기분이 들뜬다.

교회의 여건이 열악하고 교인이래야 겨우 몇 분 안 되는데도 만날 때마다 손을 잡고 등을 두드리며 반갑게 맞아준다. 성심껏 준비한 생선 등 섬마을 음식들을 푸짐하게 대접해 준다. 아픈 침을 맞고서도 환한 미소를 짓고 약봉지를 받아들고는 고맙다며 연방 굽실거린다. 낡은 나무의자에 앉아서 미용 팀의 정성어린 파마 서비스를 대하면서 즐거워하는 모습이 지금도 눈에 선하다.

성도(聖徒)들이 일 년 사이에 얼마나 변했을까, 이번에는 어떤 얼굴들로 우리를 맞아 줄까, 상상을 하면서 뱃머리에 나아간다. 그곳을 향해 '야호!' 하고 소리를 지르고 '사명(使命)'이란 찬송을 부르는 데 누군가 등 뒤에서 "오빠"하고 부르니까, 다른 자매는, "아니야! 그냥 오빠가 아니고 젊은 오빠라고 불러야지!"하고 한 수를 더 뜬다. 이를 보고형식으로 교회지의 칼럼에 올렸더니 그렇게 불러 주는 이들이 점점 늘어간다.

발랄한 젊은이들 속에 끼어 "젊은 오빠! 젊은 형아!"라고 불릴 것을 생각하니 힘이 솟는 듯한데 아내의 설교(?)가 또 등장한다. 욱하지 말고 급하게 서둘지 말며 말 수(數)를 줄이고 모범적인 행동을 보여 주면 좋겠다고 한다. 평생을 학생들과 살아온 내가 그것도 모를까봐 저러는가 하고 반문하려고 바라보니 지그시 웃는다.

암, 그래야지. 어쩌면 이게 마지막 봉사일지도 모르니 잘 해야 한다. 나이든 사람답게 언행을 조심하고 매사에 솔선수범하려고 힘을 기울이면서 사랑하는 마음으로 다가가자.

'젊은 오빠' '젊은 형아' '젊은 부장'답게 말이다.

그래! 나는 인생이 다하는 날까지 현직(現職)이고 싶다.

하나님께 드리는 고백(告白)

사랑이 많으신 하나님!

저는 아담과 하와처럼 원죄를 품고 태어나서 주님의 피 값으로 사함을 받았으나, 거듭해서 잘못을 저질렀으므로 큰 죄인이 되었습니다. 철모르던 어린 시절에는 아무것도 모른 채 일을 그르쳤고, 그때부터 지금까지 안 되는 줄 알면서도 크고 작은 나쁜 일들을 저질렀습니다.

제가 하나님을 만나기 전에는 독실한 신자들에게 그렇게 지극 정성 모시는 신이 어디에 있는지 내어 보이라며 다그쳤습니다. 실제로 낳아주고 길러준 부모님이 버젓이 살아있는데, 어찌하여 보이지도 않는 대상을 아버지라고 부르냐며 비웃기도 했습니다.

전통적인 유교 사상을 본받아야지 서양 종교 근처에는 얼씬거리지도 말아야 한다며 억지를 부리고, 경건한 성전(聖殿)을 감히 연애당이라 부르기도 했습니다. 실체도 없는 신이 우주를 창조했다고 속인다며, 당치도 않는 허구의 사건들을 기적이라 부르는 것은 사기(詐欺)라고 어깃장을 놓았습니다.

일부 사이비 종교지도자들의 비행(非行)을 확대하며, 목회자들은 순진한 사람들을 감언이설(甘言利說)로 재물을 갈취하고, 몸까지 버려 놓는다는 등 입에 담지 못할 나쁜 사례들만 들먹였습니다.

중부(仲父)님께서 세상을 떠나셨을 때에는, 기독교를 믿는 동생들이 손님들에게 술대접을 하지 않는다 하여 호되게 꾸짖었고, 목회자의 길을 걷는 친척은 조상님께 불효하는 사람으로 치부하고 따돌렸습니다.

어려서부터 처녀 때까지 열심히 믿음 생활을 해 온 아내에게는, 결혼한 후로는 절대로 교회에 다니면 안 된다고 엄포를 놓았고, 신앙생활을 하고 싶어 하는 자식들에게는 아예 금족령(禁足令)을 내리기도 했습니다.

하나님께서는 이런 못된 저를 사랑의 품에 안아주셨는데도 갈수록 더 많은 잘못을 저질렀습니다.

엄청나게 지은 죄의 대가로 험난한 고난을 여러 번 겪으면서도, 올바른 삶을 이어가지 못하고 시시때때로 주님을 의심했고, 믿음이 신실한 성도의 간증을 들으면서 우연한 일을 가지고 침소봉대(針小棒大)한다고 가볍게 여겼습니다.

심지어 심신의 연약한 문제로 고침을 주고자 들려주시는 목사님의 안수기도(按手祈禱)까지도 미심적어 했습니다.

충격적인 사건을 맞아 진퇴양란의 상황에서 헤매다가 가까스로 주님의 구원을 받은 후에도, 이런저런 이유로 마음을 가다듬지 못하고 기도를 게을리했습니다.

사소한 서운함으로 사역자나 교우들을 멀리하고, 간구하는 믿음이 충족되지 않는다며 다른 교회를 기웃거렸습니다. 개인적인 분주함으로 주님께서 맡기신 사명을 소홀히 하면서도 남들의 잘못을 끄집어내어 질타도 했습니다.

하나님께서는 저에게 건강한 육체와 정결한 정신을 주셨음에도, 나 혼자의 몸인 양 잘난 체하고 함부로 처신함으로써 심신을 허약하게 만들었습니다. 부주의로 발생한 질병을 나에게만 주었다며 투정을 부리고, 속히 고쳐주시지 않는다며 야속하게 여겼습니다.

남보다 물질이 모자라는데도 채워 주지 않는다며 탐욕을 부렸고, 세상에 내어 놓고 싶은 명예와 마음대로 주무를 권력을 쥘 수 없다며 불평을 늘어놓았습니다.

하나님께서 저를 구원하시려 인도하시는데도 엉뚱한 우상을 넘보고, 진리이신 말씀을 따르려하지도 않았습니다. 주님은 나에게 귀한 목숨을 주시어 지금까지 살아오게 하셨고, 영원한 생명을 약속하셨는데도 순종하기는커녕 반항을 하였습니다.

찔리시고 찢기시며 십자가에 달리시어 저의 죄를 대속(代贖)하신 주님의 은혜를 생각지 않은 저는 참으로 못된 사람입니다.

이제 온 힘을 다하여 온전한 삶을 주님께 바치기를 소원합니다. 인간은 하나님으로부터 생명을 얻어 살아가는 존재이므로 주님의 일을 감당할 의무가 있다는 말씀을 명심하겠습니다. 천국으로 향하는 꿈에 마음의 기준을 두고 살아갈 것을 다짐합니다.

하나님께서는 전지전능(全知全能)하시기에 수많은 기적을 이루셨습니다. 불치병을 하루아침에 고치시고 죽은 자를 순식간에 살리셨으며, 홍해를 가르시고 이스라엘 사람들을 건너게 하셨습니다. '마라'의 쓴물을 단물로 바꾸어 먹여 주시고, 사막에서 오아시스가 있는 '엘림'의 기쁨을 만날 수 있게 하셨습니다. 새로운 광야의 고통을 '만나'를 내리시어 견디게 하시고, '젖과 꿀이 흐르는 약속의 땅 가나안'에 이르도록 하실 것을 약속해 주셨습니다.

주님께서는 돌아온 탕자(蕩子)를 받아들인 아버지처럼 바른 길로 인도하셨음에도 따르지 못하고 말씀을 의심하며, 내리신 명령에 저항까지 한 저를 용서해 주실 것을 두 손 모아 빌고 또 빕니다.

제게 명하시는 일들을 즐거운 마음으로 잘 해내어 하늘나라에 가서는 '착하다' 칭찬 받는 당신의 아들이 되기를 바랍니다.

거룩하시고 자비로우신 나의 하나님! 온몸을 다하여 드리는 저의 고백을 들어 주시고, 주님께서 가신 길을 사모하며 따라가게 하시옵소서.

저의 내외가 주님께서 예비하신 하늘나라에 입성(入城)할 때에, 아름답게 잘 살았다며 보상을 받을 수 있도록 인도하여 주시옵소서.

인자하신 나의 하나님! 사랑합니다. 아멘!

그 곳에 가게 하소서

세미나 2부가 전개된다.

"축하합니다. 1등은 교장 선생님이십니다. 박수……. 청지기에 대해 정의를 한 것에 대해 설명해 주셨으면 좋겠습니다."

"감사합니다. 말씀드리기 전에 우선 제 호칭(呼稱)부터 바꾸어 주시기 바랍니다. 교장은 옛날이야기이고 지금은 백수(白首)입니다. 정년퇴임을 한 지가 이미 10년이 넘었습니다. 교회에서 붙여준 별명처럼 '오빠'나 '형님'이라고 불러 주세요. 청년부에 소속되었으니까 그 앞에 젊은이란 말을 넣으면 더욱 좋고요.”

“와르르”

웃음바다가 되는데 따지고 보면 그럴 만도 하다. 아무리 둘러보아도 다들 새파란 젊은이들 뿐이고 나처럼 머리카락이 온통 하얗고 이마가 많이 벗겨진 사람은 눈에 띄질 않는다.

“그럼 이제부터 ‘청지기’에 대해 정의(定義)하신 이유와 삼행시를 소개해 주시지요.”

우리 팀의 조장은 내가 정의한 내용과 지은 삼행시(三行詩)를 설명한다.

“예, 청지기란 ‘천국을 오르내리는 일꾼입니다. 다람쥐는 나무 꼭대기에 올라가서 알밤을 따다가 땅에 묻고는 다시 올라갔다가 내려오는 일을 되풀이합니다. 청지기 역시 천국에 올라가 하나님의 뜻을 받아서 사람들에게 심어주고, 다시 또 가져와서 각 사람에게 전해야 하므로 그렇게 정했습니다.”

다음은 삼행시입니다.

“청 ~ 청운(靑雲)보다 더 높은 소명(召命)을 받아

지 ~ 지구 만민(萬民)에게 널리 전해주어서

기 ~ 기쁨과 행복(幸福)을 듬뿍 안겨줍시다.”

7개조 54명이 각조의 토론을 거쳐 1-2차 심사를 한 결과 내가 소속된 팀이 종합 1위를 차지하여 상금을 받게 되었다. 팀원들이 다가와 내 손을 잡고 칭찬을 하며 좋아한다.

세미나 1부에서는 목사님이 청지기의 임무에 대한 설명을 한다. 모름지기 하나님의 말씀에 충성하고 이를 전하는 사도(師徒)들은 서로가 화목해야 한다는 내용이어서 각오를 새롭게 하게 했다. 이어서 열심히 활동해 온 형제가 청지기의 유형을 회사원들의 스타일에 비유한다. 사장의 지시에 무조건 따르는 충성형(忠誠形)과 사사건건 이의를 제기하는 반항형(反抗形), 그리고 눈치를 보면서 그럭저럭 지내는 방관형(傍觀形)이 되어서는 안 되고, 사명감을 가지고 소명을 따라 행하는 사제형(司祭形)이 되자고 역설한다.

나는 지난 10여 년 간 평신도에서부터 출발하여 구역끼리 모임을 인도하고 성가대의 일원으로 활약을 했다. 교우들의 애경사와 새 신자 교육과 체육대회를 비롯한 친교활동, 그리고 나눔과 중보기도 사역 등을 주관하는 일도 해왔다.

그런 일들을 처음 맡게 되었을 때는 미처 그 임무내용조차 파악하지 못한 상태이고, 일을 추진하기 위한 능력도 부족하며, 나이도 나이인지라 엄두를 낼 수가 없어서 꽁지를 빼곤 했다. 하지만 주위의 격려에 용기를 내었고 여러 교역자들과 교우들의 도움으로 나름대로 맡은 임무를 잘 추진해 나아갈 수 있었다.

매번 모두 처음 맡을 때마다 걱정이 앞섰지만 아내의 강권(?)으로 즐겁게 일할 수 있었는데, 이번에는 혈기왕성한 사람들인데 무엇인들 못하겠느냐 하는 기대로 다소 마음이 놓인다. 생각지도 못했는데 청년들과 일하게 되어 당황이 되면서도 활기찬 이들과 어울릴 생각을 하니 은근히 기분이 좋다.

그들 속에 묻혀 설교를 듣고 찬송을 부르며 하나님 말씀을 배우면 새롭게 생기가 돋고 힘이 솟을 것 같다. 각처에서 봉사활동을 하고 아내가 평생소원이라고 입버릇처럼 이야기하던 해외 선교에도, 직 · 간접적으로 참여할 생각을 하니 파송(派送)의 노래가 저절로 나온다.

'너의 가는 길에 주의 영광 있으리/ 평강에 왕 함께 가시리/ 너의 가는 길 주 인도 하시리/ 주의 강한 손 널 이끄시리/ 너의 가는 길에 주의 축복 있으리/ 영광의 길 함께 하시리…….'

내가 가는 길이 비록 힘들고 어려울지라도 성령님께서 함께 임하심을 믿고 따라가야 하겠다. 거친 광야(曠野)에서도 아름다운 꽃이 피어나듯이 이 세상의 모든 일에서는 주님의 영광은 나타날 수 있다고 했다.

내가 하게 될 일들이 비록 작은 일일지는 모르지만 주님 나라를 위해서 일할 수 있게 하신 것에 감사한다. 선교활동보고에서 비쳐

주던 보육원 원아들의 초롱초롱한 눈망울들과, 홀몸으로 자녀들을 돌보며 눈물 짓는 외국 여인의 영상이 다가온다.

'빛과 사랑이 언제나 넘치는 곳, 우리를 그 곳에 가게 하소서'

주님 나라를 위해서 떠나는 길에는 반드시 주님의 영광(榮光)이 펼쳐지리라 확신한다.

신실한 삶과 진솔한 고백의 향기

— 김남식 선생의 수필 감상록

문학평론가 리 헌 석
(사) 문학사랑협의회 이사장

1. 소중한 인연으로

마음에 존경하는 사람을 품는 일은 행복입니다. 무영(無影) 김남식 선생과의 인연이 그렇습니다. 고 원종린 선생님으로 인해 무영 선생과 인연이 되었습니다. 저는 공주교육대학교 학창시절부터 수필가 원종린 선생님을 존경하였습니다. 학교를 졸업한 후에도 문학 모임을 통하여 자주 뵈었습니다. 그때 원 선생님께 수필 공부를 하시던 분이 무영 선생입니다.

같은 분을 존경하고 따른다는 공통분모로 인하여 저는 형제와 같은 우의(友誼)를 느꼈습니다. 가까이 지낼수록 본받을 점이 많았습니다. 무영 선생은 교단을 떠난 후에도 교육에 대한 열정이 식지 않았습니다. 수필 창작에 대한 열망(熱望)이 커서 단기간에 많은 작품을 창작하였고, 작품마다 새로운 감동을 생성하는 마력을 지녔습니다. 인간적인 슬픔과 고뇌를 안고 있으면서도, 내면의 그림자를 지우기 위해 악기를 연주하고 밭에 나가 일을 하였습니다.

본격적으로 수필을 창작하기에 앞서 무영 선생은 『사랑으로 쓰는 편지』 2권을 발간하였습니다. 1,000페이지에 이르는 방대한 분량의 두 권에 일관되게 흐르는 주제는 '사랑'입니다. 자신을 사랑하고, 가족과 이웃을 사랑하고, 스승과 제자를 사랑하며 주고받은 편지 속에 삶의 향기가 짙습니다. 진실을 담아낸 편지글에서 세상을 살아가야할 지표를 찾을 수 있습니다.

2. 동심의 파노라마

무영(無影) 선생의 첫 수필집 『빨간 동그라미』(2008)에서 동심(童心)의 파노라마를 만납니다. 동심을 잃은 사회는 인심도 메말라간다고 합니다. 동심이 있으면 박토에서도 싹이 돋고, 아름다운 꽃을 피우고, 꽃이 진 자리마다 튼실한 열매가 매달리게 마련입니다. 교직에서 정년퇴임한 후에까지 동심의 순수를 지니고 계신 선생이 참으로 부럽습니다.

> 선생님은 검사를 하실 때마다 다정한 목소리로 등을 토닥여 주시고, 칭찬을 하시며 빨간 동그라미를 그려 주신다. … 나는 시키

> 지 않았는데도 아침 일찍이 제일 먼저 가서 유리창을 열고 청소를 했다. 선생님께 칭찬을 받는다는 것이 커다란 즐거움이었기 때문이었다. … 많은 세월이 흐른 지금 나는 그때 받았던 것 같은 감동의 동그라미를 다시 받으러 간다. 스승님께서는 미수(米壽) 가까운 춘추이신데도, 안경 없이도 작은 글씨를 잘도 읽어 가시며 문맥을 다듬으신다. 다 읽으셨냐고 채근하는 나에게 지난번에는 좀 부족했는데, 이번 글은 좋다며 칭찬을 하신다. 글의 제목 옆에 빨간색 동그라미를 하나씩 그려 가신다.
>
> —수필 「빨간 동그라미」 일부

교육자였던 무영 선생도 제자들에게 이와 같은 동그라미를 그려주었을 터입니다. 그랬던 선생이 60대 후반에 이르러 스승으로부터 빨간 동그라미를 받고 있으니 참으로 순수한 모습입니다. 처음에는 서먹하였을지도 모를 일이지만, 동심을 찾은 후부터는 빨간 동그라미 받기를 고대하였을 터입니다. 이와 같은 기대와 소망이 모여 우리 사회는 조금쯤 더 아름답고 순수하게 되었을 것이니, 참으로 귀한 마음입니다. 세월이 흘러도 간직하고 있는 동심이 우리 사회를 맑고 밝게 변화시키는 바탕입니다.

3. 동병상련하는 정서

김남식 선생의 두 번째 수필집 『바람과 소리』(2011)에서 눈물어린 연민(憐愍)을 만납니다. 연민은 동병상련(同病相憐)하는 착한 마음에서 비롯됩니다. 불쌍한 사람을 불쌍하게 여기고, 어려운 사람을 위로할 수 있는 마음입니다. 이러한 마음은 '처지를 바꾸어 대상을 생각한다.'는 의미를 지닌 역지사지(易地思之)의 아름다운 결과입니다. 바라보는 사람이 바르고 선해야 이루어지는 경지(境地)입니다.

> 나는 어렸을 때부터 집안 사정이 어려운 데다 심신이 나약해서인지 꽤나 눈물이 많았다. … 남다르게 눈시울이 여려서인지 나와 아무 관련이 없는 사람이 통곡을 하는데도 덩달아 찔끔거리고, 이웃 동네사람의 상여 뒤를 따라가면서까지 훌쩍이다가 꾸중을 듣곤 하였다. … 어른이 된 지금도 눈물이 헤픈 편이어서 텔레비전 화면에 치료비가 없어서 어려움을 겪는 환자가 등장하고, 이산가족이 상봉하여 울부짖거나, 외국에서 시집 온 여자가 어렵게 귀국을 해서 가족들과 껴안고 몸부림을 칠 때면 따라서 울먹인다. 닥친 일이 힘에 겹다 싶으면 전전긍긍하고, 작은 심적 고통만 당하게 돼도 세상 걱정을 다 떠안은 양 호들갑을 떤다.
>
> —수필 「나는 지금 왜 울고 있는가」 일부

이러한 정황(情況)이 바로 인지상정(人之常情)입니다. 그러나 동병상련하는 눈물을 잊은 사람도 많은 세상입니다. 이런 세상에서는 약한 사람을 왕따 시킨다거나, 예쁘게 자라는 애호박에 말뚝을 박는 놀부 심보도 부지기수일 것입니다. 이에 비하여 눈물을 잘 흘리는 사람은 마음이 여리고 착한 사람입니다. 너무 심약하면 성공하지 못한다면서 우리의 부모들은 남자아이가 우는 것을 경계하였지만, 이는 세상이 험한 탓이지 동병상련하는 선한 마음 탓이 아닙니다. 슬플 때 서로 위로가 되는 것이나, 기쁠 때 서로 손잡고 동락(同樂)하는 것이 건강한 사회의 바람직한 모습입니다.

4. 사랑의 참다운 의미

무영(無影) 선생의 세 번째 수필집 『49년만의 고백』(2015)에서 사랑의 참다운 의미를 되새깁니다. 태어나서 부모님의 사랑으로 성장하는데, 이는 대략 20여 년 정도일 터입니다. 이어 부부의 연을 맺게 되는데, 최근에는 금혼(金婚)을 맞거나 회혼(回婚)을 맞는 분이 많은 것을 보면 50여 년을 동고동락(同苦同樂)하는 사람이 배우자일 것입니다. 고운 정도 있게 마련이고, 미운 정도 있게 마련입니다만, 고희(古稀)를 넘긴 선생은 아내에게 고마우면서도 미안한 일을 고백합니다.

> 둘이 만난 지가 어언 49년이란 세월이 흘렀는데, 그 동안 나의 뒷바라지를 하느라 쪼그라진 아내의 얼굴을 보자니 안쓰럽기만 하다. … 이제 철이 들어가는 것 같아서 조금씩이라도 다독여 주어야 하겠다고 다짐을 해 보건만, 생각처럼 따라주질 않는 것은 아직도 정신을 못 차린 때문이리라. … 스물세 살 수줍은 처녀가 시집을 온 지가 엊그제 같은데 벌써 고희(古稀)를 맞는다. 나 역시 일흔을 훌쩍 넘어버렸으니 지금부터라도 죽도록 사랑을 해준다고 한들 몇 번이나 될까. 생각할수록 마음이 아리고 뻐근하게 가슴이 조여 오는 느낌이다.
>
> —수필 「49년 만에 다시 하는 고백」 일부

선생은 연애 시절에 주고받은 편지들을 다시 읽으며 아내에 대한 사랑을 되새깁니다. 젊고 팔팔할 때에는 자신을 중심으로 생각하고 판단하였지만, 연만(年滿)하고 병약하게 되어 되짚으며, 아내에 대한 고마움과 미안함을 상기합니다. 지난날에는 아내 자랑과 자식 자랑은 팔불출(八不出)이라고 하여 조심스러웠겠지만, 이제는 세속의 굴레에서 벗어나 자연스럽게 아내에 대한 사랑을 표현합니다. 특히 아내는 하나님을 만나게 하는 메신저이자, 아름다운 나라의 소망을 일깨워 준 인도자입니다. 그래서 아내에 대한 참다운 사랑을 고백하고, 오롯하게 실천하려는 자세로 옷깃을 여밉니다.

5. 물결의 동그라미

무영(無影) 김남식 선생의 수필 작품을 읽으면서 삶의 넓이와 깊이를 다시 묵상합니다. 아주 작은 사물에서 평생 간직할 수 있는 이치를 찾아내기도 하고, 평범하게 지나칠 수 있는 일에서 눈물어린 감동을 생성하고 있습니다. 선생의 작품 세 편을 예로 들었지만, 많은 작품에서 다양한 세계의 다양한 삶을 만날 수 있습니다. 각각의 작품에서 놀라운 깨달음을 얻을 수 있으며, 이러한 깨달음은 삶의 길라잡이가 될 것입니다.

결혼 50주년이 되는 금혼(金婚)을 1년 앞두고 다시금 사랑을 고백하는 겸양지덕(謙讓之德)이 선생의 인격을 흠모하게 합니다. 금혼에 이르러 고백하는 것도 아름답지만, 바로 문턱을 넘기 전에 자신을 가다듬으며 고백하는 마음이 더 진실해 보입니다. 그래서 선생의 수필집을 읽게 하는 마력에 빠집니다.

동병상련하는 연민, 참다운 삶, 그리고 신앙의 수준까지 작품에 담아내는 선생의 수필에 새삼 놀랍니다. 이러한 창작이 더욱 아름답게 결실하리라 믿습니다. 그리하여 창작의 기쁨이 물결의 동그라미처럼 더욱 크고 멀리 나아가기를 기대합니다.

에필로그(Epilogue)

살아온 날보다 남은 날들이 훨씬 모자람을 실감하면서 초조한 심정으로 출발했다. 마음을 다잡고 써내려가기 시작한 지가 엊그제 같은데 벌써 넉 달이 넘어 막상 손을 떼게 되니 스스로 놀라우면서도 감회(感懷)가 새롭다.

컴퓨터 앞에 앉아 있는 횟수가 잦아드니, 무슨 작업을 하는지 영문도 모르는 아내가 의심스러운 눈초리를 보낸다. 나의 건강을 염려하며 성화를 대는데 자식들까지 덩달아 걱정이다. 그럴수록 빨리 책을 엮어야 한다는 마음이 든 것은, 세월이 화살처럼 빠르고 지나간 세월보다 함께 할 시간이 그리 많지 않음을 절감했기 때문이다.

누구든 인생을 살아가면서 많은 일들을 겪으며 살게 마련인데, 그중에서 가장 큰 충격은 배우자를 잃는 것이라고 한다. 우리 내외에게 그런 일이란 상상할 수도 없는 일이라고 부정하고 싶지만, 곰곰이 따져보면 부질없는 일인 것 같다. 덧없이 흐르는 세월을 막을 수 없음에 가슴이 먹먹해지고 눈앞이 캄캄해진다.

어려움에 처할 때마다 우리의 영혼(靈魂)을 사랑이 넘치는 곳에 가게 해달라고 간구(懇求)하는 아내를 따라 무릎을 꿇으면 전신에 온기가 스며들 듯이 평안해진다.

사랑하는 아내와의 이야기들을 남기고 싶은 마음이 간절해서, 누구나 겪는 평범한 일인데도 우리만 갖고 있다는 자부심과 착각으로 자판을 두들겨 댔다. 특별한 치료를 한 후에 의사의 지시를 지키자니 너무나 고통스럽다. 당분간 되도록 오래 앉아 있지 말라는 당부에 서서만 있다 보니 어렵고 누워있어도 불편하다. 그런 와중에도 반드시 일구고야 말겠다는 마음은 왜 그렇게 스스로를 닦달하는지. 그런 일념 하나로 나의 모든 것을 걸다시피 했다.

지난 해 10월부터 시나브로 쓰기 시작한 글들이 아무래도 부족한 듯했다. 침대에 누워서 스마트폰으로 보태 써서 컴퓨터로 전송해 가며, 꼿꼿하게 선 자세로 글을 깎고 다듬어서 간신히 그려냈다.

참신한 소재를 가지고 문학적 기법으로 의미심장하게 주제를 다루기는커녕, 글쓰기의 기본도 못 지켰다는 마음에 서둘기만 한 것이 아쉽다.

어느 유명 작가가 '수필은 소필(小筆:소설과 수필을 합친 것) 같이 써야 한다.'고 했다는 말을 염두에 두었다. 지금까지 살아오는 동안 아내와 관련된 이야기들을 주축으로, 우리 둘의 지나간 일을 반추(反芻)하고 다가올 앞날을 내다보며, 아내와 하나님께로 향하는 가슴 벅찬 심정을 있는 그대로 나타내고자 하였다.

작가라면 누구든지 금기(禁忌)시 한다는 신변잡기(身邊雜記)의 오죽잖은 일기문을 세상에 내어 놓는 것은 역시 부끄러운 일이다. 독자들께서 내가 아내와 살아온 공과(功過)에 대해 솔직하게 고백(告白)하고, 장래의 참된 삶을 위해 스스로를 채찍질하는 의미에서, 이 책을 보여드림을 넓은 아량으로 덮어주셨으면 하는 바람이다.

책을 엮어주시느라고 많은 노력을 해주신 오늘의문학사 李憲錫 회장님과 李英玉 작가에게 진심으로 감사를 드린다. 교회 사역과 봉사와 집필활동의 바쁜 일정 중에서도 많은 도움을 아끼지 않으신 수필가 南宮運 박사님과 우리 가족에게도 고마운 마음을 전한다.

49년만의 고백

김남식 수필집

발 행 일 | 2015년 4월 12일
지 은 이 | 金男植
발 행 인 | 李憲錫
발 행 처 | 오늘의문학사
출판등록 | 제55호(1993년 6월 23일)
주　　소 | 대전광역시 동구 대전로 867번길 52(한밭오피스텔 401호)
전화번호 | (042)624-2980
팩시밀리 | (042)628-2983
홈페이지 | http://www.lito77.co.kr(홈페이지)
전자우편 | hs2980@hanmail.net

공 급 처 | 한국출판협동조합
주문전화 | (070)7119-1752
팩시밀리 | (031)944-8234~6

ISBN 978-89-5669-675-1
값 10,000원

* 이 책은 ㈜교보문고에서 E-Book(전자책)으로 제작 · 판매합니다.
* 잘못 제작된 책은 바꾸어 드립니다.